"Positions"
série dirigée par Lothar Baier

ENTRE CRIMES ET MIRAGES
L'ALBANIE

DU MÊME AUTEUR

UN ÉTÉ SANS RETOUR, Actes Sud, 1992

Titre original :
Piedestalet të zbrazuara
Première publication :
Zëri i rinisë, Tirana, 1991

ISBN 2-86869-817-4

Photo de couverture :
© Besim Fusha, 1991 (détail)
20 février 1991. Au moment où la statue d'Enver Hoxha est renversée, les gens se bousculent pour monter triomphalement sur le piédestal resté vide.

Photo 4e de couverture :
© Roland Tasho
Besnik Mustafaj prenant la parole au meeting du 25 décembre 1990 sur la place de la Démocratie, à l'occasion de la légalisation du Parti démocratique.

Besnik Mustafaj

ENTRE CRIMES ET MIRAGES L'ALBANIE

essai traduit de l'albanais
par Christiane Montécot et Odette Marquet

ACTES SUD
HUBERT NYSSEN EDITEUR

Aux étudiants de l'université et de toutes les écoles supérieures de Tirana, avec toute ma reconnaissance pour l'œuvre qu'ils ont accomplie.

EN GUISE DE PRÉFACE

Un touriste français se trouvait en visite dans un village du sud de l'Albanie, en Labëri. Après avoir expliqué les transformations radicales subies par son village sous la direction du Parti et du camarade Enver, le président du conseil populaire s'attendait à voir s'épanouir l'admiration de cet ami lointain. Or, à sa surprise, le Français restait morose et ne disait rien. Le secrétaire se mit alors en devoir de demander à l'interprète pourquoi l'étranger faisait grise mine. Avait-il un souci ?

— Laisse-le, ne l'embête pas, le pauvre ! Ne remue pas le couteau dans la plaie ! Il pense à son pays plongé dans la misère, répondit l'interprète sans se démonter.

— Dis-lui de ne pas s'en faire, mais de se dépêcher de créer un parti authentiquement marxiste-léniniste ! Ni notre Parti ni le camarade Enver ne lui ménageront leur aide. Le soutien de tout le peuple albanais lui est aussi acquis. Nous avons un respect tout particulier pour le peuple français, riche de brillantes traditions révolutionnaires et à qui il appartient de reprendre l'histoire de France là où la réaction l'a interrompue : à la Commune de Paris. Dis au Français que lui et son peuple, ils peuvent édifier leur avenir rien qu'en suivant les enseignements de Marx, d'Engels, de Lénine, de Staline et du camarade Enver. Ainsi, il verra bientôt venir le jour où Paris ressemblera à notre village !

En bon maître de maison, il était certain d'avoir offert à son hôte l'avis et le réconfort dont celui-ci avait besoin.

Je n'ai fait que rapporter une anecdote qui circule en Albanie depuis le début des années quatre-vingts au moins, quand j'étais encore étudiant. Il est probable que l'histoire a été inventée de toutes pièces, mais ses personnages sont tout à fait véridiques. Pour employer un terme cher au réalisme socialiste, nous dirons que le paysan incarne de manière typique cet HOMME NOUVEAU albanais que la terrible machine étatique a forgé petit à petit en quarante-cinq ans de dictature du prolétariat. Il n'y a pas lieu de douter de l'enthousiasme sincère avec lequel il parle des changements intervenus dans son village ; de même, il est sincèrement attristé de voir quelle froideur cet ami lointain manifeste devant la "réalité grandiose" qu'il a créée de ses mains. En l'occurrence, il se peut que le paysan y ait vu un certain dédain envers son pays ; mais ce soupçon est sincère, tout comme la confiance avec laquelle il a accueilli l'explication de l'interprète. Cette explication l'a soulagé en dissipant ce soupçon, un soupçon qui était loin de lui faire plaisir puisqu'on lui avait présenté l'étranger comme un ami. C'est pourquoi les paroles avisées et réconfortantes qu'il prononce sont tout à fait sincères, au fond : c'est ainsi qu'il voit le monde.

Son âge et la fonction qu'il occupe font que notre personnage incarne de façon parfaite le niveau de formation politique et culturelle moyen du milieu où il vit. Imaginons que nous poussions le touriste français à lui demander ce qu'il connaît du monde. Voici ce qu'il répondrait :

"Le monde est divisé en deux hémisphères politiques inconciliables l'un avec l'autre.

"A l'un appartiennent tous les pays bourgeois d'Europe, d'Amérique, d'Amérique latine, d'Afrique, d'Asie. Le chef de tous ces pays (mais chef au sens de gendarme et non de chef de pays égaux), ce sont les U.S.A.

"Depuis que Khrouchtchev et sa clique sont arrivés au pouvoir en U.R.S.S. à la fin des années cinquante, plus précisément depuis l'automne 1960 où le Parti du travail d'Albanie, avec à sa tête le camarade Enver Hoxha, s'est dressé ouvertement contre Khrouchtchev et tous ses alliés, l'ensemble des pays révisionnistes, après avoir trahi de manière impardonnable les enseignements immortels de Marx, d'Engels, de Lénine et de Staline en ouvrant la voie à la terrible dégénérescence du pouvoir populaire dans l'ex-camp socialiste, a basculé dans cet hémisphère. A la tête de ces pays, là encore dans le sens d'un gendarme et non dans le sens du chef de pays égaux, on trouve l'U.R.S.S. C'était jadis, du vivant de Staline, le camp du socialisme, miracle de l'humanité ; aujourd'hui, c'est devenu un terrible camp de concentration pour les peuples.

"Indépendamment de leurs différences d'attitude, pays bourgeois et pays révisionnistes ont un point commun : l'inégalité sociale. Le peuple vit dans la misère, il est opprimé et exploité sauvagement tandis qu'une minorité, de l'ordre de 0,01 % de la population, vit au milieu d'un luxe fabuleux et ourdit nuit et jour des plans d'agression, car cette minorité n'a pas d'autre moyen de prolonger son existence que la lutte sanglante.

"Quant à l'autre hémisphère – même si, pour le moment, et pour des raisons que le matérialisme historique, les documents produits par le Parti et les œuvres du camarade Enver permettent d'expliquer, il ne fait que 29 000 km^2 et n'a qu'une population de trois millions d'habitants –, c'est la partie la plus importante de notre planète. C'est là que se trouve l'Albanie, le seul pays où le peuple soit au pouvoir. Et le peuple albanais est décidé à défendre ce pouvoir à tout prix. En novembre 1960, il a déclaré à Moscou par la bouche de son fils le plus cher, l'architecte de l'Albanie nouvelle, Enver Hoxha, qu'il «mangerait de l'herbe plutôt que de trahir les principes du communisme et de l'Etat de dictature du prolétariat». En défendant de façon conséquente ces principes incarnés par la doctrine immortelle du marxisme-léninisme, ce pays a fini par acquérir une renommée sans précédent aux yeux de tous les peuples épris de liberté du monde. Sous la conduite de son Parti clairvoyant, l'Albanie, guidée avec une sagacité de génie par le camarade Enver Hoxha, assume fièrement devant l'histoire la tâche de maintenir vivant, en des temps si difficiles, le plus beau des rêves de l'humanité, le COMMUNISME. Pour marquer leur profonde reconnaissance envers le Parti du travail d'Albanie qui joue pour eux ce rôle d'éclaireur de l'avenir, les peuples du monde entier l'appellent avec beaucoup de respect «la voix de la vérité».

"Quant au peuple albanais, qui assume en connaissance de cause et avec un dévouement total les énormes sacrifices imposés par l'accomplissement de cette importante tâche historique, il voue une reconnaissance infinie au Parti du travail et au camarade Enver Hoxha. Cette reconnaissance du peuple tout entier s'exprime politiquement par le slogan : «PARTI-ENVER, TOUJOURS PRÊTS !» A cette mobilisation formidable du peuple, le Parti répond : «Ce que dit le Parti, le peuple l'accomplit ; ce que veut le peuple, le Parti l'accomplit», slogan formulé par le camarade Enver lui-même, qui synthétise de manière éclatante l'unité inébranlable entre le PARTI et le PEUPLE, «clé de voûte de toutes nos victoires», toujours selon le camarade Enver."

Il est naturel que cette reconnaissance populaire envers le Parti et le camarade Enver s'exprime aussi dans les arts. Des monuments et des chants se créent chaque jour. On en arrive à l'émulation fiévreuse de la plupart des forces créatives du pays. On ne peut être un vrai peintre ou un vrai sculpteur sans refléter dans son œuvre la figure majeure du camarade Enver. On ne peut être poète ou rhapsode sans puiser son inspiration la plus profonde dans la vie et dans l'œuvre du père de la nation albanaise, Enver Hoxha.

L'un de ces chants, celui qui s'intitule *Salut, Enver Hoxha !* a pris officieusement la place de l'hymne national.

Mais même si cette substitution a été systématique, jusqu'à prendre force d'habitude par le biais d'une discrète intervention officielle, il semble que le héros dont on vantait les mérites ait trouvé insuffisant l'hommage qui lui était rendu. Le chant qui lui était consacré ne devait pas être chanté uniquement dans les fêtes et les célébrations publiques. Il devait aussi se substituer aux chansons d'amour et à toutes celles qu'on chantait dans les fêtes de famille et les célébrations privées. Il vint un temps où aucune noce ne pouvait s'ouvrir autrement que par le chant *Salut, Enver Hoxha !* repris en chœur par les invités et les jeunes mariés. C'était aussi par lui que devait se clore la noce.

Pourtant, le Comité central n'avait jamais donné à quiconque l'ordre d'agir ainsi. Un régime dictatorial trouve toujours le moyen d'établir des règles non écrites. Ces règles non écrites déterminent même beaucoup plus le mode de vie en société que les règlements écrits et les lois. Cela conduit régulièrement l'individu à se trouver sans défense devant l'Etat et lui insuffle temporairement une mentalité tout à fait particulière, où se mêlent une peur instinctive de toute complication et une situation d'angoisse continuelle à laquelle il s'adapte : il se rend de moins en moins compte de son angoisse et finit par agir en aveugle. Cet aveuglement marque la victoire définitive de la dictature. Tout comme les fauves de la jungle qui hypnotisent leurs proies du regard avant de les mettre en pièces, le régime dictatorial hypnotise insensiblement l'individu, soûle son esprit de façon saisissante. Au lieu de voir la réalité qui l'entoure, l'individu perçoit une illusion dont la propagande officielle lui fournit le modèle. La majorité de la population est totalement enivrée. Aucun des recoins de l'esprit, où pourrait s'élaborer un raisonnement à peu près logique, n'échappe à cette ivresse. Voici un exemple qui permet de voir jusqu'où elle peut aller : parmi les dizaines de milliers de condamnés politiques qu'il y a eu en Albanie en quarante-cinq ans de dictature du prolétariat, trop peu se sont laissé déclarer opposants au régime. Si l'on feuillette leurs dossiers, on voit que ceux-ci foisonnent de serments de fidélité totale au Parti et à Enver Hoxha. Au terme de leur procès, au lieu de s'élever contre l'injustice qu'on leur faisait subir, la plupart d'entre eux ont même accueilli des condamnations absurdes à quinze, vingt, vingt-cinq ans de prison, voire dans certains cas, assez fréquents, l'annonce de leur exécution aux cris de : *Vive le Parti ! Vive le camarade Enver Hoxha !*

Devant ces exemples tragi-comiques, inimaginables ailleurs ou à une autre époque, le chant *Salut, Enver Hoxha !* imposé comme ouverture de tous les événements de la vie albanaise devient quelque chose de très ordinaire. Ce chant est sans doute l'un des dithyrambes les plus excessifs que se soit jamais octroyés un dictateur, et il exprime mieux que tout l'étendue de sa mégalomanie. Voici l'une de ses strophes :

On dit chez les peuples du monde
Qu'une étoile éclaire l'Europe ;
Heureux celui que touchent les rayons
De cette étoile d'Albanie.

Deux des trois personnages de notre anecdote font partie des citoyens privilégiés du monde de cette fin de siècle. Ils ont grandi sous la lumière de cette étoile que les dictionnaires albanais actuels décrivent comme un soleil ; en termes scientifiques, il ne s'agit pas d'une erreur, puisque le soleil est une étoile parmi d'autres dans l'immensité de la galaxie. Peut-être le responsable du pouvoir dans ce village et l'interprète sont-ils semblables devant le regard peu exercé de l'étranger, comme le sont toujours les êtres élevés en incubateur sous lumière artificielle.

Pourtant, à les regarder d'un peu plus près, il ressort qu'ils ne sont pas semblables. Ils ont même une différence qui, d'ici à quelques années à peine, va les conduire à se renier mutuellement. Procédons à une courte description de chacun.

Le paysan investi du pouvoir a un peu plus de cinquante ans. C'est un homme noueux, aux jambes maigres et très arquées, nettement dessinées par des culottes de laine noire qui ne lui tiennent pas chaud, même au cœur de l'été. Ses épaules minces et tassées, qui masquent bizarrement sa poitrine creuse, sont enveloppées d'une veste militaire un peu décolorée à force d'avoir été portée. On en a retiré toutes les marques distinctives d'un uniforme d'officier ; mais, aux yeux des autres, cela indique soit qu'ayant lui-même été officier, il est revenu à la vie civile – pour une raison qui peut se justifier, bien sûr, puisqu'il occupe toujours une place au sein du pouvoir –, soit qu'il a un lien de famille avec quelqu'un qui travaille pour l'armée. Il s'agit très probablement de son fils, officier. Donc, c'est encore quelqu'un de fiable, de puissant. Il couvre sa tête étroite et tondue de près d'une casquette de couleur sombre, une habitude due à son envie de ressembler un peu aux "camarades" dirigeants du comité de parti de l'arrondissement qu'il retrouve en ville pour des réunions fréquentes. Ses yeux profondément enfoncés dans leurs orbites paraissent encore plus petits et ne parviennent pas à animer un visage que de longues stations au soleil ou dans le mauvais temps ont cuit et recuit. Pour cet Albanais de cinquante ans, le teint clair et le visage lisse du touriste ne peuvent s'expliquer que par l'étiolement dû à une alimentation insuffisante. Ou alors, il s'agit d'une maladie grave que cet étranger, victime de l'exploitation barbare du capitalisme, n'est pas assez riche pour soigner. Il est sur le point de demander affectueusement à cet ami lointain : "Veux-tu que je t'offre un peu de sang ?" sans imaginer qu'à peu de choses près, le touriste rumine la même idée en ce qui le concerne. Il a suffi à l'étranger de voir la peau tannée de son visage pour comprendre très clairement ce qu'est la vie quotidienne de cet heureux paysan.

Si nous poursuivions l'anecdote en imagination, voici comment elle pourrait se terminer.

Le chef de ce village, un parmi des centaines d'autres du même genre en Albanie, rentre chez lui et dit à sa femme d'une voix navrée :

— Aujourd'hui, j'ai rencontré un Français. Il n'en revenait pas de voir notre village ! Le pauvre ! Il était là, et il n'arrêtait pas de penser à son pays. Les peuples ont encore du chemin à faire pour creuser la tombe du capitalisme !

L'interprète, quant à lui, est à peu près du même âge que le plus jeune des fils du paysan. Il est sur le point de terminer ses études de langues étrangères, et se sent de plus en plus conscient de la difficulté de servir d'intermédiaire entre son pays et les étrangers. Ce rôle lui fait subir une double pression. Les gens de sa famille (s'il n'est pas fils de fonctionnaire, il doit forcément avoir une "bonne origine familiale", c'est-à-dire n'avoir aucun parent touché par la lutte des classes), sa famille, donc, exige de lui qu'il présente aux étrangers l'image la plus digne possible de sa patrie. Au nom de cette exigence, il ne leur montrera aucun de ses défauts "temporaires", "passagers", de ses "difficultés de croissance", mais seulement ses réussites. Après tout, "les succès sont généraux, et les défauts ne sont que partiels". Cette exigence s'impose à l'interprète non seulement comme un devoir moral et patriotique, au nom de "l'honneur albanais", mais aussi comme un devoir civique indiscutable ; le transgresser, si peu que ce soit, le jetterait entre les mains du Sigurimi. Le devoir moral, qui s'exprime par le proverbe albanais : "A l'ami, on ne montre pas les latrines, mais la meilleure chambre", alourdi du poids d'une propagande intensive sur les mauvaises intentions et le dénigrement que manifeste un monde rempli de réactionnaires face au socialisme authentique incarné par "notre Parti", provoque de toute façon chez le jeune interprète une inhibition devant l'étranger. Mais le plus important est le devoir civique ; sur ce point, le moins qu'il risque – à condition, bien entendu, d'éviter l'accusation d'espionnage –, c'est d'être condamné à dix ans de prison. Chacun sait qu'une menace de ce genre ne se prend pas à la légère. Surtout quand on a vingt ans.

S'il n'a jamais voyagé à l'étranger, le jeune interprète a parcouru toute l'Albanie comme accompagnateur des étrangers. Il a voyagé en Volvo luxueuse, dormi dans des hôtels de tourisme et mangé, sans se soucier de la dépense, dans des restaurants de première catégorie. C'est dire qu'il a goûté aux plaisirs de la vie, à l'opposé de l'ascétisme prôné avec le plus grand zèle par les enseignements du Parti et du "camarade" Enver en lutte contre le confort petit-bourgeois : nous sommes à présent un peuple révolutionnaire, et les révolutionnaires ont pour caractéristique essentielle l'esprit de sacrifice. N'est-ce pas ?

Sans oser se l'avouer, l'étudiant-interprète en est venu, au cours de ces voyages, à donner inconsciemment raison à ce vieillard albanais qui, au terme d'une longue émigration en Amérique, revient finir ses jours au pays natal. Il se plante à côté de la radio pour apprendre ce qui se fait dans la patrie dont il a été coupé pendant soixante ans. Au bout de quelques jours, il demande à son fils, vieux communiste :

— Je comprends tout, mon fils. Mais qu'est-ce que c'est que cette histoire de confort ? Pourquoi en faire tout un plat ? Si on ne travaille pas pour s'offrir un peu de confort, pour quoi, alors ?

Chez le jeune interprète, le désir de travailler lui aussi pour un peu de confort a germé en secret.

Mais ce n'est pas le seul trouble qui soit né en lui.

Sans parler du déplaisir que sa présence auprès d'un visiteur étranger peut inspirer à ses compatriotes, tout commence à lui paraître de plus en plus insipide, et les vêtements qu'il porte de plus en plus laids. A cet âge, il est normal qu'on commence à se soucier de son apparence extérieure ; or, à l'époque, cette question est au centre des "préoccupations du Parti". L'apparence extérieure de chacun révèle une conception du monde saine ou viciée sur le plan idéologique et politique. Surtout dans la jeunesse, à qui la réaction mondiale destine toutes ses dragées empoisonnées. Une jeunesse qui n'aurait pas connu la sollicitude du Parti ne pourrait comprendre la nécessité de défendre celui-ci. Ce n'était pas pour rien que l'HOMME NOUVEAU albanais, dès ses premiers mots, apprenait à chanter : "Petit enfant, j'ai deux mamans ; la première, c'est le Parti !"

D'ailleurs, l'importance politique et idéologique qu'on attache à la largeur des jambes de pantalon ou à la longueur des cheveux semble de plus en plus absurde au héros de notre histoire. Cette prise de conscience creuse une brèche sensible dans sa formation psychologique homogénéisée ; il s'en rend compte lorsque l'étranger lui demande quel tort les cheveux qui pendent dans le cou ou les pantalons à pattes d'éléphant font au socialisme. Rouge comme une pivoine, ne sachant que répondre, le jeune interprète bredouille quelque chose d'inintelligible entre ses dents. La citation du camarade Enver : "Qui dit mode dit dégénérescence morale, et de la dégénérescence morale à la dégénérescence politique, il n'y a qu'un pas" ne suffit plus à l'arrêter, et arrête encore moins l'étranger. La brèche n'en reste pas là. Il a tout lieu de craindre que son allure et son habillement ne le rendent tout à fait démodé, c'est-à-dire ridicule, aux yeux de l'étranger ; si bien qu'il commence, presque en cachette, à transgresser un tout petit peu les "limites" clairement établies par le Parti. Mais cette "transgression" ne peut, naturellement, être assez audacieuse pour lui faire négliger complètement le "milieu vigilant" auquel il appartient.

Le soin qu'il met à exploiter cette possibilité, mais sans courir de risque, lui cause une double angoisse. Imaginez un peu le stress que cela provoque chez un jeune pas encore bien installé dans la vie !

Mais son calvaire absurde ne s'arrête pas là. Connaître les langues étrangères lui a donné la possibilité de lire les livres "interdits" qui parviennent à entrer, même si toutes les portes de l'Albanie sont hermétiquement bouclées de l'intérieur. *Le Docteur Jivago, la Plaisanterie, le Pavillon des cancéreux*... L'attrait pour le fruit défendu qu'on éprouve d'habitude à vingt ans l'a poussé à les lire ; à mesure que le temps passe, il prend goût au péché : il a commencé à penser "autrement". En outre, il a un peu perdu et perd chaque jour un peu plus la volonté de lire les œuvres du camarade Enver. Le fait d'avoir commencé à penser "autrement" s'accompagne d'un désir et même d'une sorte de besoin toujours croissant de se lancer avec les étrangers qu'il accompagne dans de grandes discussions sur la civilisation, la philosophie, l'art. Curieusement, les étrangers ne montrent pour ainsi dire jamais d'agacement devant ses questions. Ils s'abstiennent de tout sourire protecteur, même si ces questions sont particulièrement naïves pour un étudiant en dernière année de faculté. De telles discussions occupent agréablement les déjeuners et les dîners, quand le vin se met aussi de la partie pour lui délier la langue. Mais l'influence du vin n'est jamais assez forte pour le pousser à entrer dans la zone de danger maximal. Il a entendu dire qu'il y avait des "oreilles" très fines sous toutes les tables où prennent place des étrangers, comme dans toutes les chambres où ils dorment. Ce besoin impérieux de se contrôler n'est pas normal à son âge. Il l'épuise et gâte le plaisir de ce travail non rémunéré. A cet épuisement s'ajoute la fatigue de traduire des conversations du genre de celle que l'étranger a eue avec le paysan.

C'est pourquoi, après avoir raccompagné le touriste français au petit aéroport de Rinas, l'interprète revient passer une courte soirée avec sa petite amie. Elle est étudiante elle aussi. Dans ses poches, il a caché quelques tablettes de chewing-gum qu'il a eu l'occasion de se procurer auprès des voyageurs. Il est content de voir que ces cadeaux rares, symboles de la dégénérescence de la jeunesse dans les pays bourgeois, font plaisir à son amie ; en même temps, il redoute sans cesse que le chauffeur ne l'ait surpris à se "soumettre à la pression des étrangers". Il est bien connu que le chauffeur n'est pas seulement là pour conduire la voiture. Le travail du Parti exige de lui un sens du devoir plus étendu... Il exerce constamment sa vigilance révolutionnaire.

La jeune fille est très avide de savoir ce qui s'est passé avec le Français. A plusieurs reprises, elle a aperçu de loin son amoureux sur le boulevard en compagnie de l'étranger, elle l'a même salué d'un sourire discret et d'un signe de tête, ce qui a produit son petit effet sur les amies avec qui elle se trouvait à ce moment-là. Au regard amical que lui a jeté l'étranger – il n'est pas aussi prudent, lui –, elle a compris que son amoureux lui avait parlé des liens qui l'unissent à la fille qui est là-bas ; elle en a conçu le désir ardent de faire sa connaissance : que l'étranger se persuade que son accompagnateur a une amie non seulement jolie, mais aussi charmante... Ce serait un risque fou. Alors, elle a rassemblé toutes les questions dans sa tête et elle les déverse sur son amoureux avant de lui dire ce qui est en fait le plus important : il lui a beaucoup manqué.

— Comment est-il ?
— Comment est-ce qu'il mange ?
— Que pense-t-il du mariage ?
— Est-il amoureux de quelqu'un ?
— A-t-il une voiture ?
— Est-ce qu'il a déjà visité d'autres pays ?
— Quel est son écrivain préféré ?

— C'est vrai qu'on dit que Kadaré aura le prix Nobel ?

— Est-ce que... ?

Son amoureux l'écoute avec beaucoup de tristesse, au grand chagrin de cette jeune fille innocente. Elle se retient d'aller jusqu'au bout des questions qui la tourmentent. Sa voix reste en suspens. Elle suit son amoureux des yeux, comme pour comprendre ce qui bouillonne dans sa tête. Le jeune homme – on dirait qu'il n'attendait que ce silence pour ouvrir la bouche – lui déclare :

— Il vaudrait mieux que je n'accompagne plus les étrangers. Ce n'est pas un travail pour moi...

Et il ressent un engourdissement qui l'empêche de donner ne serait-ce qu'un baiser à son amie tout émue. Il est aussi trop ému pour sentir ses caresses. Ni lui ni la jeune fille ne savent encore à quoi imputer la dégradation de leur idylle au cours de cette soirée. Plus exactement, ils ne savent pas encore à quoi imputer la dégradation générale d'une partie des doux liens qui unissent leurs jeunesses.

Les deux personnages de notre anecdote sont tellement différents ! Ils symbolisent les différences entre deux générations qui, sans en avoir encore conscience, vont faire pression dans deux directions tout à fait opposées sur l'itinéraire politique de l'Albanie des années quatre-vingts. Les lois de la nature accorderont sûrement la victoire au plus jeune. Le problème est que le mécanisme des vases communicants qui aurait pu les amener à unir leurs forces n'a pas fonctionné. C'est pourquoi la victoire sera longue à venir, car aucun n'a encore assez de force pour chasser l'autre de la scène.

L'ÉTOILE VA BIENTÔT S'ÉTEINDRE

Les yeux des aveugles s'ouvriront.

ISAÏE, 42, 7

Comme toutes les étoiles qui restent isolées parce qu'elles sont hors du temps, "l'étoile albanaise" devait s'éteindre un jour. Pourtant, cet axiome ne suffisait pas à nous rendre optimistes, c'est-à-dire plus braves, nous qui vivions sous sa lumière.

A la fin d'août 1990, une invitation de la Ligue des écrivains roumains me permit de faire un voyage de trois semaines dans ce pays. Aller à l'étranger était, pour tous les Albanais, un événement très rare et aussi marquant qu'un mariage ou un décès. Cette comparaison ne tient même pas : tout Albanais est assuré de rencontrer la mort, alors que bien peu d'entre eux avaient franchi ne serait-ce qu'une seule fois la frontière. Tenter de franchir illégalement cette frontière – entièrement ceinte de barbelés où circule un courant électrique, et renforcée par une haie touffue de sentinelles prêtes à faire feu à tout moment – n'était rien d'autre qu'une marche délibérée vers la mort. Ou vers un moindre mal : vingt ans de prison politique. A l'opposé, un départ légal ne pouvait signifier qu'une mission officielle. Pour faire comprendre le plaisir de tels voyages, je vais donner un exemple. A l'automne 1989, je me trouvais en Suisse, comme journaliste et interprète à la fois, pour accompagner un groupe folklorique qui participait au Festival de Fribourg. De là-bas, j'écrivis une carte postale à l'un de mes meilleurs amis, Remzi Lani, rédacteur en chef du journal *Zëri i rinisë* : "La Suisse est magique. Je te souhaite de ne jamais faire un voyage comme celui-ci."

Je me trouvai à Bucarest quelques semaines seulement après les événements affreux de la place de l'Université, où les "escadrons" de mineurs fidèles à Iliescu avaient cogné de façon monstrueuse sur les étudiants mécontents de la politique du Front de salut national. C'était la première fois que je visitais un pays de l'Est. Depuis l'année 1960 où Enver Hoxha avait accusé publiquement Khrouchtchev et toute la famille socialiste d'avoir trahi les principes marxistes-léninistes, et avait pris la défense de Staline, les relations de l'Albanie avec ces pays étaient purement commerciales. L'échange d'ambassadeurs avait même été suspendu, sauf avec la Yougoslavie. Je n'avais donc pas eu l'occasion de m'y rendre en tant que journaliste et écrivain. Mais je n'éprouvais aucune espèce de curiosité. Indépendamment de la présentation qu'en donnait la propagande albanaise – des pays où l'on avait restauré le capitalisme –, je savais, pour avoir lu la presse occidentale en cachette, qu'ils ne présentaient aucune différence essentielle avec l'Albanie. Tout au plus pouvait-on parler de régimes plus libéraux, chose qui se déduisait de l'existence d'une dissidence. Ces différences étaient particulièrement légères entre l'Albanie et la Roumanie de Ceaucescu. Mais à présent, depuis près de neuf mois, la Roumanie avait dépassé ce stade. Ma patrie restait le seul pays de notre continent à brandir encore le drapeau sanglant du communisme.

Mon désir secret, en me rendant en Roumanie, était de voir comment le peuple avait rejeté l'esprit de soumission après avoir vécu si longtemps sous la dictature. Je voulais surtout voir comment les intellectuels avaient secoué la douloureuse couche de rouille dont l'asservissement total de la vérité à l'Etat revêt le cerveau. Que de telles questions soient apparues dans la tête de quelques intellectuels de la jeune génération à Tirana signifiait deux choses : un désespoir profond et, en même temps, de la confiance. Le désespoir était alimenté non seulement par quarante-cinq ans d'histoire du pouvoir communiste dont l'administration sclérosée de ce pays avait du mal à se défaire, comme on pouvait en juger par le mal qu'elle éprouvait à opérer quelques petites réformes, mais aussi par les développements récents, contrôlés par un Parti du travail qui affichait une parfaite assurance. Bien que cela puisse sembler contradictoire, cette histoire et ces développements récents entretenaient notre conviction que les jours de la dictature étaient comptés. L'histoire de ces quarante-cinq ans avait été celle d'une violence politique systématique et du massacre progressif de l'économie du pays. En conséquence, le peuple avait accumulé un mécontentement croissant qui avait atteint le Parti du travail lui-même et l'avait poussé à prendre des mesures ces derniers mois : accorder la liberté religieuse, délivrer des passeports aux citoyens, attribuer un lopin de terre d'un dixième d'hectare et une vache aux paysans, accepter la reprise des relations diplomatiques avec les U.S.A. et l'U.R.S.S., mettre un terme de principe au monopole du Parti sur les affaires gouvernementales, etc. Et même si beaucoup de ces mesures semblaient revêtir un caractère de pure propagande, ou être "destinées à l'exportation", selon la formule de Lenka Çuko, membre du Bureau politique et secrétaire du Comité central du Parti, elles constituaient, encore une fois, d'importantes concessions pour le parti au pouvoir, qui n'avait pas pour habitude de reconnaître ses torts. Elles montraient que "le cerveau et le cœur de la classe ouvrière" avait précisément perdu ce qu'il s'efforçait de mettre en avant : son assurance.

Ainsi, "l'étoile" qui nous avait aveuglés pendant tant et tant d'années finissait par montrer ses premiers signes d'extinction définitive. Mon besoin de connaître la réalité nouvelle de la Roumanie s'expliquait d'autant mieux. Il me suffit de quelques jours pour comprendre que la vie d'une dictature ne s'achève pas au moment où l'on tranche la tête du dictateur ; plus sanglante est la dictature, plus il est difficile de dépasser la période de l'après-dictature pour parvenir à une vraie démocratie. Ce constat m'emplissait d'un genre d'angoisse que je n'avais jamais connu jusqu'ici. "Je vois les lendemains de mon pays. Comme ils sont tristes !" écrivis-je de Bucarest à mon vieil ami Nicolas Miletitch, journaliste à l'AFP. Vivre longtemps sous la dictature fait vraiment perdre de nombreuses qualités que cette fin de siècle a sanctifiées, et c'est tragique, mais cela développe aussi d'autres qualités qui, me semble-t-il, ne s'acquièrent pas – ou du moins pas dans la même mesure – dans le climat politique d'une démocratie. Parmi ces qualités, je voudrais souligner l'aptitude que développe instinctivement l'homme, et surtout l'intellectuel, à croire en ses rêves. C'est pour lui une façon agréable et peu coûteuse de s'évader de l'âpre réalité qui l'entoure et de maintenir à peu près intacts ses liens avec la vie.

Le fait de voir la Roumanie de près me frappa précisément sur ce point et ébranla ma conviction qu'il serait plus facile de bâtir notre liberté avec le changement de régime. De retour à Tirana, j'écrivis un long article dans le journal de la Ligue des écrivains ; j'y développais l'idée que le monopole de la vérité entre les mains de l'Etat défigure les écrivains, les épuise totalement en les obligeant à inventer une langue à double sens qui leur permette de s'exprimer tant bien que mal. La culture nationale subit ainsi un dommage immédiat ; on voit naître une littérature totalement alambiquée et peu accessible, de ce fait, au lecteur qui doit absolument maîtriser l'art de décoder cette littérature. Cette culture souffre aussi d'une maladie interne qui ne se fait pas sentir immédiatement, car elle a besoin d'autres conditions politiques pour éclater. Le renversement du système de référence met hors jeu cette manière d'écrire. Souvent, les écrivains se sentent incapables de s'adapter à la nouvelle situation. Si paradoxal que cela puisse paraître, ils sont douloureusement traumatisés par la liberté même dont ils rêvaient par-dessus tout. Ils ne savent pas s'en servir. Soit ils sombrent dans le mutisme, soit leur langue se délie dans une direction qui n'est pas tellement à leur honneur. Leurs écrits perdent leur beauté et leur logique argumentative ; ils risquent de se charger d'un flot d'injures grossières envers ceux qui sont à l'origine de la tragédie de leur pays. Naturellement, j'illustrais cet article par des exemples roumains, mais tout le monde comprit le sous-entendu.

Je peux dire que je n'étais pas le seul. Les intellectuels albanais en général imaginaient la période de transition qui suit la dictature comme beaucoup, beaucoup plus facile que ce qu'elle allait être. Il ne pouvait en être autrement. Pour notre cerveau encombré d'interrogations sur une actualité qui ne se présentait pas encore sous un jour tellement optimiste, c'était un luxe excessif que d'imaginer les temps à venir. Autant demander à un affamé de penser à la brioche quand il n'a même pas une croûte de pain ! Mais il y avait aussi une autre raison. Les portes de l'Albanie étaient, comme on le sait, hermétiquement fermées à la presse étrangère. Nous n'avions même pas le droit de regarder les télévisions voisines de Yougoslavie, de Grèce et d'Italie. Pourtant, la presse albanaise avait commencé à donner quelques informations sur la crise complexe que traversaient les pays de l'Est après le renversement du monopole des partis communistes. C'est vrai, mais ces informations étaient sélectionnées dans un but prétendu "éducatif". Notre peuple devait bien voir quelle terreur avait succédé à la chute forcée des régimes dans cette partie de l'Europe ; nous devions renoncer à tout désir de les imiter. Cela faisait perdre toute crédibilité à l'information, même lorsqu'elle était exacte. La déception qu'éprouvaient beaucoup d'intellectuels, surtout les jeunes, quelques semaines seulement après la victoire du pluralisme, montrait tout à fait clairement à quel point leur imagination avait peint l'avenir démocratique de l'Albanie en rose. Parmi les cinq mille réfugiés qui avaient franchi les murs des ambassades au début de juillet, quelques dizaines de personnes seulement avaient fait des études supérieures. Ce fait fut largement exploité contre eux par la propagande du Parti du travail. On voulut en faire la preuve de l'attachement indéfectible de l'intelligentsia albanaise au communisme. Pour le malheur de ceux qui détenaient le pouvoir, il n'en était rien.

Quand je revins de Roumanie le 19 septembre, la situation à Tirana semblait calme. Ramiz Alia et ses collaborateurs du Parti semblaient avoir dépassé l'état de choc et l'affolement qu'ils avaient bien du mal à cacher en juillet et en août. Leurs discours n'avaient plus la nervosité et les accents menaçants de ces jours-là. Pourtant, à la télévision, ils affichaient une sorte de fatigue théâtrale ; on aurait dit qu'ils voulaient faire comprendre au peuple qu'ils avaient sacrifié leurs vacances de cet été torride à sa liberté. De son côté, le peuple avait commencé à faire preuve d'ingratitude devant tant de dévouement. C'était même plus que de l'ingratitude. Il ne faisait pas vraiment mine de se révolter, mais il avait l'audace de s'en prendre chaque jour un peu plus à eux. Les gens travaillaient de moins en moins. La presse du Parti demandait avec inquiétude aux communistes de jouer leur rôle de mobilisateurs des masses. La déclaration des hauts fonctionnaires dont je me souviens le mieux disait : Le processus de démocratisation de l'Albanie est irréversible. Elle insistait sur le fait que cette démocratisation ne pouvait s'opérer que sous le contrôle attentif du Parti du travail. Tous les moyens étaient bons pour présenter le pluralisme comme un croque-mitaine. Cela se produisait aussi, dans une certaine mesure, chez les intellectuels : ils craignaient qu'on ne revalorise le passé, ce qui ne pouvait manquer de se produire dans un autre climat politique. Dans ce contexte, et que ce soit dans une intention hostile ou par ignorance, on comparait le pluralisme à une scission nationale, à un fratricide. "L'Albanie va devenir un autre Liban", avait déclaré Dritëro Agolli, président de la Ligue des écrivains.

A part Ismaïl Kadaré, qui se trouvait en France depuis le début de septembre mais dont personne ne pensait encore qu'il ne rentrerait pas, seuls les jeunes intellectuels échappaient à cette dangereuse psychose, ou presque. Je parle du milieu des écrivains et des artistes. Les jeunes supportaient très mal que l'Albanie ait été exclue de la conférence de la CSCE qui se tenait à Paris en octobre. Avec une naïveté due à notre ignorance du pouvoir que ces organisations internationales étaient réellement capables d'exercer sur les régimes de pays particuliers, nous faisions de la signature de la charte d'Helsinki un élément déterminant du progrès de la démocratie chez nous. Je n'exagère pas en disant que nous avons vécu cette occasion manquée avec le désespoir primitif de celui qui passe à côté d'une chance miraculeuse. Naturellement, nous en rendions responsables le Parti du travail et notre gouvernement, mais sans excuser pour autant l'Europe, dont nous pensions qu'elle nous avait abandonnés dans un moment difficile. L'un de nos amis, Preç Zogaj, poète et journaliste très sérieux, qui devait par la suite faire partie des créateurs du Parti démocratique, écrivit un poème intitulé *La Terre sans continent.* On comprend que ce poème ne fut pas publié. Les autres aussi écrivirent des poèmes qui restèrent dans leurs tiroirs. C'est un fait plus important que la publication de ces vers, car il témoigne de l'exaltation qui avait saisi ces auteurs. L'important, c'était aussi que ces poèmes donnaient les premiers signes d'une dissidence ouverte dont l'audace allait rapidement croître. Dans une telle confusion, la demande d'asile politique adressée par Ismaïl Kadaré à la France allait jouer un rôle particulier. Même si l'on n'entendait pas encore le grondement de colère populaire qui est le signe avant-coureur du renversement d'une dictature, on trouvait chez nous, sous une forme mi-consciente, mi-aventureuse, l'idée que les problèmes devaient être abordés de front. Quand je dis aventureuse, je pense au refus de mesurer les conséquences que cela pourrait avoir pour nous et nos familles.

C'est dans cet état d'esprit que nous nous rendîmes à la Conférence nationale des jeunes écrivains, musiciens et peintres à Korça. L'annonce du départ d'Ismaïl Kadaré remontait à quatre ou cinq jours à peine. Sa déclaration de Paris n'était un secret pour personne, même si aucun journal ne l'avait publiée. Les gens l'avaient entendue dans l'émission en albanais de *la Voix de l'Amérique* qu'on suivait partout, ces derniers mois, avec une très grande attention. Son commentateur principal, Elez Byberaj, fils d'un exilé politique des débuts de la domination communiste, était devenu une vedette extraordinaire dans la patrie qu'on lui déniait.

Comme de coutume, un délégué des hautes sphères du Parti était présent à notre conférence. Comme de coutume, également, ce délégué était le secrétaire du Comité central du Parti qui couvrait l'éducation et la propagande, secteur dont relevaient la littérature et les arts. Nous savions que le discours qu'il avait apporté dans sa poche de Tirana contenait les salutations chaleureuses que nous adressait le camarade Ramiz Alia en personne, ainsi que l'expression de la haute estime dans laquelle il nous tenait en tant qu'avenir de la culture albanaise. Nous savions aussi que ce discours portait aux nues la maturité dont nous avions fait preuve tout au long de la conférence, et qu'on y promettait que le Parti ferait tout, comme toujours, pour que notre talent puisse se développer sous toutes ses formes. Ce que nous ne savions pas encore, c'était si l'on insisterait comme avant sur notre devoir de continuer à servir le peuple et la patrie suivant les enseignements immortels du camarade Enver, ou si l'on attaquerait Ismaïl Kadaré. Quelques jours auparavant avait eu lieu l'anniversaire de la naissance d'Enver, événement accompagné d'une commémoration retentissante comme les autres années. *Zëri i popullit* lui avait consacré un long article en première page, y trouvant l'occasion de reprendre avec énergie la formule de Ramiz Alia sur “la continuation de l'œuvre d'Enver”. Cependant, les attaques contre Ismaïl Kadaré se développaient à deux niveaux. Dans la presse, on se contentait de le présenter comme un déserteur. Les “révélations” précises quant à sa personnalité se faisaient au moyen de “réunions de clarification politique sur la situation” ; ainsi appelait-on des sortes de réunions populaires au cours desquelles divers fonctionnaires du Parti commentaient les événements politiques de la journée. Aux ouvriers et aux paysans, surtout, on n'hésitait pas à déclarer que l'on avait découvert que, depuis des années, Ismaïl Kadaré était un espion français ; la publication de ses livres dans le monde entier, mais aussi sa renommée lui venaient de l'argent versé sans compter par les services secrets français. Je ne saurais dire si les auteurs de ce scénario croyaient sincèrement au succès de leur entreprise. Mais je puis affirmer avec certitude que le temps où les gens croyaient de telles histoires était près d'être révolu. Je puis affirmer avec autant de certitude que ceux qui en étaient chargés continuaient à s'acquitter de cette tâche avec beaucoup de zèle.

Quant à nous, sans être tout à fait en mesure d'en prévoir les résultats, nous étions bien décidés à prendre la parole au cours de cette conférence. Nous avions encore présente à l'esprit la brûlure ressentie cinq ans plus tôt. Au cours de la précédente conférence des jeunes écrivains et artistes, à Durrës, nous n'avions pas osé soutenir

Kadaré : invité, il avait violemment attaqué le traitement égalitaire, et non fondé sur le talent de chacun, qui était de règle dans le métier des lettres, et qui avait pour effet de niveler progressivement les valeurs créatives et donc les personnalités. Malgré l'entraînement que lui avaient donné plusieurs dizaines d'années d'isolement, cette fois, semble-t-il, Kadaré était monté à la tribune en espérant que nous nous joindrions à lui. Enver Hoxha n'était mort que depuis quelques mois, et la vie politique du pays ne montrait aucun signe de radoucissement. En plus du secrétaire du Comité central du Parti, un autre membre du Bureau politique et la veuve d'Enver faisaient partie du præsidium de notre conférence. Nous avons applaudi chaleureusement Kadaré. Mais notre audace n'a pas dépassé le stade de l'admiration silencieuse. Nous étions encore trop jeunes. A part des articles dans la presse où nous avions presque tous commencé notre carrière, j'avais publié deux volumes de poèmes, Ilirian Zhupa également, Preç Zogaj en avait publié un, ainsi qu'Elsa Ballauri et Teodor Keko ; Remzi Lani venait d'être nommé rédacteur en chef de *Zëri i rinisë*. Nous sommes restés silencieux et c'était un crève-cœur, comme chaque fois qu'on se sent coupable ; mais ceux qui ne pouvaient admettre ce qu'avait dit notre idole ne se sont pas tus, eux. Kadaré a écouté avec le plus grand dédain celui qui lui répondait. Son visage n'exprimait rien d'autre qu'une déception dont nous ne pouvions le blâmer, même si nous pensions qu'il ne devait pas nous en vouloir, ni nous demander l'impossible. Il a mis longtemps à nous le pardonner. Il nous en a gardé rancune, ce qui a renforcé notre sentiment de culpabilité. Je ne me trompe pas en disant que c'est avant tout ce sentiment qui nous a poussés, Preç Zogaj, Ilirian Zhupa et moi, à prendre la parole à l'assemblée générale suivante de la Ligue des écrivains pour le soutenir : il adressait de violentes critiques au système d'édition centralisé de notre pays, système qui donnait légalement aux employés de la seule maison d'édition albanaise des fonctions de censeurs officieux. Tel fut notre premier acte d'"hérésie" ouverte. Il remonte à la fin de 1985.

Naturellement, comparé à l'acte d'hérésie que nous allions commettre en octobre 1990, ce n'était qu'une petite "erreur" de jeunesse. Il est vrai que souvent, depuis cinq ans, seul notre âge nous a permis d'échapper à un jugement suivi de sanctions. L'Albanie continuait à être gouvernée par ceux qui avaient fait la guerre. Beaucoup d'entre eux avaient donc l'âge d'être nos grands-parents. Sans tenir compte de notre activisme sans cesse croissant dans la vie politique et culturelle du pays, ils nous considéraient comme leurs petits-fils, des petits-fils qui auraient mis longtemps à jeter leur gourme, mais qui finiraient par mûrir. Ils aimaient nous rappeler à tout propos – et hors de propos – les bienfaits que le PARTI nous avait offerts. La morale de la parabole du fils prodigue occupait sûrement une place de choix dans leur inconscient ; ils y puisaient la certitude que nous n'en viendrions jamais à les renier, ni à les rendre responsables de l'état catastrophique du pays. Si cette façon d'entourer de silence nos agissements avait été consciente, elle aurait vraiment représenté un trait d'intelligence de leur part. Leur silence a bien plus atténué la portée de nos actes destinés à réveiller le peuple que s'ils s'y étaient opposés. Il s'expliquait par la mentalité étonnante qu'ils avaient acquise en restant aussi longtemps au pouvoir. Ils se prenaient pour des divinités ; à l'instar des dieux de l'Olympe, ils avaient eu tôt fait de se dire que le danger ne pouvait surgir que de conflits entre eux. Sur ce point, ils étaient parfaitement sûrs d'eux. Quant au peuple, il était en bas, englouti dans les abîmes de la vie quotidienne, attendant les bienfaits ou la malédiction divine, qu'il lui faudrait encaisser de la même façon : avec humilité, avec une profonde reconnaissance. Sinon, les dieux de l'Olympe moderne, que l'on appelait COMITÉ CENTRAL, se fâcheraient, et leur colère aurait des conséquences imprévisibles. Difficile de trouver un autre régime capable, comme les communistes, de créer chez ses citoyens une mentalité de soumission aussi primitive, à la fin du XXe siècle !

Le premier à prendre la parole fut Preç Zogaj. Nous, ses amis, nous savions déjà ce qu'il allait dire et nous attendions, le cœur battant. Nous ne redoutions pas trop les réactions d'une salle pleine de jeunes gens et de jeunes filles de vingt à vingt-cinq ans venus de toute l'Albanie. Leur "œuvre" n'avait encore guère de poids, mais ils avaient des rêves grandioses ; ces rêves étaient le meilleur garant de leur compréhension. Notre angoisse tenait à la réaction du secrétaire du Comité central du Parti. Sans citer son nom, Preç Zogaj attaqua durement la théorie d'Enver Hoxha selon laquelle les écrivains et les artistes sont les auxiliaires du Parti pour l'éducation communiste des masses. Assigner un tel rôle à l'écrivain et à l'artiste signifie leur arracher le don de création, c'est-à-dire les détruire ; mais cela veut aussi dire qu'on les rabaisse terriblement, qu'on en fait les illustrateurs de la production idéologique et politique qui sort des cabinets ministériels ou des organismes du Parti, dans un but utilitaire précis, avec la volonté de garder le pouvoir. Les véritables écrivains et les véritables artistes doivent refuser ce statut écœurant, souligna l'orateur de sa voix pas très puissante, mais grave comme celle d'un vieillard. Le coup était mortel. Cette théorie était inscrite en lettres géantes à l'entrée de la salle de la Ligue des écrivains et des artistes, au-dessus du buste d'Enver ; depuis seize ans, elle était la bible de toute entreprise littéraire et artistique dans ce pays. Le délégué du Parti écouta notre ami dans un silence complet, sans rien noter sur les feuilles vierges qu'il avait devant lui. Il ne prit aucune note non plus lorsque Preç déclara, pour finir, que le départ d'Ismaïl Kadaré devrait inspirer à notre administration l'idée de mieux traiter son intelligentsia. Il ne lui posa aucune question. N'aurait-on pas dit qu'il connaissait depuis le début la teneur des propos de Preç, et qu'il avait prévu de lui répondre quand son tour viendrait ? Cette possibilité n'était pas à exclure. En fait, cela faisait déjà quelque temps que la coutume voulant que les organisateurs vérifient les interventions avant la conférence était tombée en désuétude. Mais nous avions parlé entre nous, au café, des problèmes qui allaient être débattus à Korça, et les cafés fréquentés par les intellectuels étaient bien équipés en micros cachés. Nous avions eu connaissance de beaucoup d'occasions où le Parti avait "pris des mesures" à partir d'informations recueillies par ces micros. Peut-être le délégué du Parti trouvait-il délicat d'intervenir à la suite de Preç, car l'évocation que celui-ci avait faite de Kadaré avait été aussitôt accueillie par des applaudissements vigoureux de l'assistance.

En tout cas, nous avons continué de faire ce que nous avions décidé.

Quelqu'un d'autre intervint ensuite, puis Teodor Keko prit la parole. C'était le seul d'entre nous à avoir déjà publié un roman ; bien que ses deux recueils de poèmes n'aient pas eu beaucoup de succès, son roman plaisait, surtout parce qu'il traitait avec acuité un problème de société. Il avait été le premier à montrer des signes d'une prose minimaliste. Cela manquait jusqu'ici à notre littérature de réalisme socialiste. Dans son intervention comme dans ses écrits, Teodor se montra concret, s'abstenant de tout développement alambiqué. La médiocrité de notre littérature et de nos arts, dit-il, est de toute manière liée à la médiocrité générale des conditions d'existence dans notre société. Moi, si je partage équitablement ma ration de viande avec ma femme et mes enfants, il m'en reste environ cent grammes par semaine. Il me reste aussi deux œufs et demi et cinquante grammes de beurre. Mais cette répartition de la ration alimentaire entre les membres de la famille n'est que théorique, car nos enfants – deux garçons – sont devenus assez "impérialistes" et nous laissent à peine les miettes, à leur mère et à moi. Mon cerveau ne peut donc fournir un produit intellectuel d'une qualité meilleure que celle des choux dont je me nourris tous les jours !

La salle était au comble de l'hilarité tandis que les "camarades du præsidium" se consumaient en efforts inutiles pour tourner ses paroles à la plaisanterie.

L'intervention de Teodor Keko eut une autre conséquence.

Pendant qu'il parlait, j'avais moi aussi demandé la parole. La première et la deuxième session prirent fin, la troisième aussi, et mon tour ne venait toujours pas. Comme, visiblement, les interventions de Preç et de Teodor ne leur avaient pas donné une idée très "positive" des jeunes poètes, les dirigeants de la conférence affichaient une préférence marquée pour les musiciens et les peintres. En quarante-cinq ans de socialisme en Albanie, les peintres et les musiciens se sont toujours montrés plus absorbés par leurs problèmes strictement professionnels que les écrivains... Ce fut encore le cas cette fois. Les musiciens expliquèrent comment, selon eux, il était possible de mieux organiser la vie musicale du pays en donnant aux jeunes artistes la possibilité d'y participer plus largement. De leur côté, les peintres critiquèrent sévèrement le faible approvisionnement en couleurs d'importation et le manque d'ateliers où travailler. Le seul peintre qui aurait pu cracher dans la soupe, Edi Rama, était absent. Les autorités du præsidium accueillaient ces interventions très favorablement. Cependant, l'assistance commençait à se lasser, ce qui ajoutait à mon impatience de prendre la parole.

J'adressai un mot à Dritëro Agolli, qui faisait partie du præsidium et dirigeait la séance, pour renouveler ma demande. A la façon dont il avait réagi à l'intervention de Keko, je ne pensais pas qu'il m'aiderait. Mais il le fit : il me donna la parole. Mon tour venait enfin. Le calme était revenu dans la salle. J'avais conscience de ce qu'en passant derrière mes deux amis, j'aurais moins de mal à défoncer le mur de béton de l'autocensure. Je dis que le talent des jeunes écrivains et des jeunes artistes ne peut se développer avec l'ampleur nécessaire sans liberté d'expression. J'osai employer – c'était la première fois qu'on entendait ce mot sur une tribune albanaise depuis que ce régime s'appelle "dictature du prolétariat" – le terme MONISME pour désigner une réalité qui devait changer. Comme pour Preç, le præsidium se garda de m'interrompre et ne posa aucune question à la fin. J'eus le chagrin de constater que beaucoup de jeunes écrivains et de jeunes artistes venaient me demander pendant la pause ce que j'entendais par "monisme". L'école communiste, à laquelle tous devaient se soumettre sous peine de rester analphabètes, avait maintenu l'ensemble de la jeune génération dans un tel état d'inculture politique qu'on ne pouvait que désespérer de l'avenir. Devant de tels faits, même le plus optimiste a l'impression que le jour dont il rêve est encore loin, même s'il est proche en fait.

Mais les événements politiques avancent rarement selon nos prévisions. C'est, me semble-t-il, l'aspect le plus passionnant de l'histoire ; sans cela, elle risquerait de ressembler à un film déjà vu.

Ce que nous avions fait à Korça eut un écho que nous n'avions pas prévu. Deux jours après notre retour à Tirana, je rencontrai une de mes connaissances, le chauffeur du ministre de l'Education. Il me raconta qu'il venait de rentrer de Grèce et qu'il avait entendu parler de nos interventions à l'ambassade d'Albanie à Athènes. Je n'en revenais pas. L'Albanie est un petit pays et nous sommes tous cousins, comme dit Dritëro Agolli ; la rapidité du bouche-à-oreille s'explique parfaitement. Mais comment était-ce allé aussi loin ? Et aussi vite ? Etait-ce un signal d'alarme interne qui avait envahi l'administration dictatoriale de notre Etat communiste, seul gardien de l'orthodoxie stalinienne ? De telles questions nous dépassaient.

Dans l'ensemble, les jeunes intellectuels de Tirana étaient las des discussions philosophiques verbeuses qui les conduisaient le plus souvent à perdre espoir, et donc à ne pas bouger. On peut donc dire que nous y avions pratiquement renoncé, tout comme nous avions cessé de lire attentivement les discours touffus de Ramiz Alia pour y déceler entre les lignes le lent relâchement des boulons du puissant Etat de dictature du prolétariat. Ce relâchement, l'Occident était le seul à en parler, ou presque, souvent avec tant d'assurance que cela nous mettait les nerfs à vif et nous poussait à nous demander avec amertume si c'était bien notre pays que ces observateurs avaient sous les yeux, ou un autre. Le seul à se livrer à ce travail avec beaucoup de zèle – et il se trompait rarement dans ses analyses – était Remzi Lani, qui était toujours rédacteur en chef de *Zëri i rinisë* même si, de temps en temps, il lui arrivait de publier des écrits "regrettables" dans le journal qu'il dirigeait. On peut dire qu'avec de telles capacités, il savait trouver l'occasion de "commettre des erreurs" sans qu'elles aient de conséquence fatale. Après l'interview d'Ismaïl Kadaré en mars, il en avait publié une de Teodor Laço au début de juin, puis en fit une autre de moi au début de juillet ; mais en raison de la tension politique causée par les événements des ambassades, ce texte resta dans ses tiroirs jusqu'à la mi-septembre. C'était Preç Zogaj qui m'interrogeait ; il travaillait encore à la rédaction de *Zëri i rinisë*. On imagine combien une telle interview pouvait être conformiste ! J'y déclarais que le véritable écrivain doit se conduire en iconoclaste (un terme interdit pour nous) et ne jamais accepter que quiconque lui serve des vérités toutes faites. L'écrivain doit parvenir à la vérité de lui-même, par la voie du doute, comme nous l'ont enseigné les philosophes du Siècle des lumières. Je n'avais donc eu aucun scrupule à ne faire référence ni aux classiques du marxisme-léninisme ni au "camarade Enver" qui, même dans la tombe, tenaient toujours bien serrée la clé de la vérité sur l'homme et la société.

Ainsi, au cours de cette période de calme apparent que traversait le pays, l'écho de l'esprit critique qui soufflait à cette Conférence des jeunes écrivains et artistes s'enfla démesurément, mais surtout chez les intellectuels. Pour ranimer cet écho, Preç et moi avons eu l'idée de reprendre nos interventions, dont nous avions gardé le texte, dans le journal *Drita*. Nous avons choisi *Drita* non seulement parce que c'était le périodique de la Ligue des écrivains, mais aussi parce que c'était alors le plus lu, en raison de la grande liberté de ton qu'il accordait aux auteurs depuis que le poète Bardhyl Londo en assurait la direction. A l'occasion de la publication d'*Eschyle ou l'éternel perdant*, quelques jours avant son départ pour la France, Ismaïl Kadaré y avait publié une interview très virulente. Avant celle-ci, il y avait eu une interview tout aussi virulente de Sali Berisha.

La tactique que suit l'écrivain qui vit sous la dictature est le plus souvent incompréhensible pour ses confrères des pays démocratiques, qui sont rarement en mesure d'apprécier de façon réaliste les souffrances et les dangers qui marquent chez nous l'acte de naissance d'une idée. Au moment où j'écrivais cet article, Ramiz Alia avait soumis la question suivante au Bureau politique du Parti du travail : *Pourquoi les intellectuels ne parlent-ils pas ?* Comme on peut s'en douter, cette question était reprise par toute la presse officielle, en particulier *Zëri i popullit*, et elle s'adressait aux intellectuels sous toutes ses formes : blâme, appel, menace. On comprenait de quelle forme d'activisme il était question. Les intellectuels devaient mettre leurs compétences au service d'une argumentation conforme à la ligne politique suivie par le Parti du travail. Les principales orientations sur lesquelles on sollicitait notre “concours” étaient claires : le multipartisme en Albanie signifierait la guerre civile, il faut donc extirper cette idée de la tête des gens. La voie reste ouverte à ce qui peut se faire en Albanie : le pluralisme des idées. L’Albanie a suivi un itinéraire politique tout à fait distinct de celui des pays de l’Est ; il n’y a donc aucune raison pour que les événements qui se sont produits là-bas à partir de l’automne 1989 se reproduisent ici. Là, il nous fallait surtout répliquer à la propagande étrangère qui convergeait sur notre pays. Et enfin : en Albanie, on a entrepris une série de réformes de l’économie, connues sous le nom de “Nouveau mécanisme économique”, grâce auxquelles on espère surmonter la dure crise qui frappe tout le pays. Ce mécanisme conciliera au mieux un développement centralisé de l’économie et une certaine indépendance dans la planification des entreprises. Telle était, en résumé, la plate-forme que Ramiz Alia avait dévoilée progressivement au cours de ces derniers mois ; grâce à cette plate-forme, il allait réaliser “la démocratisation ultérieure de toute la vie du pays”. Et cette “démocratisation” ne se produirait que sous la direction du Parti du travail, avec à sa tête Ramiz Alia. Mais les intellectuels les plus connus du pays s’abstenaient pour la plupart de “détailler” cette plate-forme devant l’opinion à l’intérieur ou à l’extérieur du pays ; aussi Ramiz Alia demandait-il avec beaucoup d’inquiétude où était passée leur voix.

Son inquiétude s’expliquait si l’on considère les habitudes qu’il avait prises en plus de quarante ans passés près d’Enver Hoxha, près de celui qui s’était fixé pour tâche de contraindre les intellectuels au rôle sans gloire que jouent “les rieurs” dans les comédies de Molière. Ce qu’ils avaient osé ou osaient laisser filtrer entre les brèches étroites qui s’ouvraient à l’intérieur des journaux ou dans telle ou telle réunion, chacun de ces balbutiements d’indépendance, tout cela ne faisait, aux yeux du président du Parti et de l'Etat albanais, qu'aggraver le silence dédaigneux qu'ils gardaient. Mon article occupait une page entière dans *Drita*. Il avait pour titre – et ce n'était pas par hasard : "Avant de demander pourquoi les intellectuels ne parlent pas." Je m'efforçais de montrer combien les intellectuels s'interrogent devant les problèmes aigus que traversent le pays et le peuple. Ils ont assez de maturité pour juger correctement de ces problèmes et proposer des solutions utiles. Ils désirent aussi que leurs idées ne soient ni refoulées ni tuées dans leur propre tête ou dans les discussions limitées qu'ils ont les uns avec les autres, mais, comme c'est leur rôle, qu'elles se répercutent dans toute la société, qui en a plus que jamais besoin, pour l'aider à soulager ses souffrances. Comme j'avais dévoilé une partie de cet article dans mon intervention à la conférence de Korça quelques jours auparavant, en présence du secrétaire du Comité central du Parti qui ne m'avait rien répliqué, je n'eus aucun mal à le faire publier.

Peut-être cet article n'aurait-il pas eu d'écho si, deux jours plus tard, le téléphone de la rédaction de *Drita* n'avait sonné. Une des responsables de la rédaction prit la communication. Elle arriva peu après dans mon bureau, tenant à la main quatre feuillets dactylographiés.

— Lis, et dis-moi quel effet ça te fait, fit-elle sans me donner d'explication ; puis elle sortit.

C'était une réponse à mon article. Elle venait du siège du Comité central, avec ordre impératif de la publier dans le prochain numéro du journal. Elle était signée par l'un des conseillers économiques du secrétariat du Parti, que je connaissais très bien. Je vis aussitôt que ce n'était pas son ton habituel. Le signataire de cette réplique souffrait par nature d'un complexe d'infériorité marqué ; il n'aurait jamais pu s'adresser à moi sur ce ton arrogant, même s'il était vraiment convaincu de ce qu'il disait, à savoir que j'avais gravement offensé l'intelligentsia albanaise, laquelle exprimait non seulement de toute sa voix, mais encore avec compétence, son soutien au processus de démocratisation du pays entrepris par le Parti. Il disait donc tout à fait le contraire de l'inquiétude exprimée quelques jours plus tôt par son principal supérieur. Nos politiciens nous avaient habitués à de tels paradoxes, et ceux-ci ne nous faisaient plus aucun effet. Ils reflétaient leur mentalité malsaine. Ils se croyaient sortis du crâne de Zeus ; eux seuls savaient, eux seuls avaient le droit de mettre en évidence les souffrances de la société et de prescrire les soins nécessaires.

Nous avions aussi l'habitude de cette "tactique", des réponses dans le genre de celle qu'ils me donnaient ; c'est pourquoi elle ne nous fit aucun effet, à mes amis et à moi. Lorsque les dirigeants du Parti se trouvaient face à un opposant "indigne" de leur rang, ils trouvaient toujours un mercenaire à qui ils faisaient grand honneur, en l'occurrence, en lui prouvant la confiance que le Parti plaçait en lui. Pour son malheur, l'Albanie connaissait depuis des années le climat politique requis pour que Tirana regorge de gens se sentant très honorés de se voir confier ce rôle. Ce qui nous impressionnait, c'était l'alerte déclenchée "là-haut", comme on appelait le Comité central dans le langage de tous les jours. Quelque temps auparavant, tout le monde aurait pris cette alerte pour un avertissement sérieux : il était encore temps pour chacun de s'écarter de la voie dangereuse où il s'était engagé. Mais à présent, cette alerte nous stimulait exactement en sens inverse. L'écrivain Neshat Tozaj prépara ausitôt une réponse très virulente, dans laquelle il développait les raisons que j'avais données du silence des intellectuels, une réponse qu'il ne parvint jamais à publier dans aucun journal. Cependant, une semaine plus tard, on publia le texte de Preç Zogaj, "Créateur ou illustrateur" ; cet auteur, toujours sans citer Enver Hoxha – cela se comprend – fit savoir à tout le public albanais ce qui s'était dit à Korça. Puis le cinéaste Kujtim Çashku envoya lui aussi un article qui traîna un peu à la rédaction et fut publié, si je ne me trompe, le 9 décembre, jour de la manifestation décisive des étudiants. Au même moment, c'est-à-dire dans le courant de novembre, Gramoz Pashko donna une interview à l'émission en albanais de *la Voix de l'Amérique* ; il eut l'audace de n'y traiter Ismaïl Kadaré ni de traître ni de déserteur, mais de se dire son ami, et d'affirmer qu'il savait ce qu'il faisait. Une interview à *la Voix de l'Amérique* était toujours un acte retentissant, même quand on ne s'y écartait pas de la "ligne". Ainsi, par exemple, Fatos Nano devait l'espèce de popularité qu'il avait acquise à une interview donnée en septembre à cette radio. Il n'est pas difficile de se représenter à quel point cette interview d'un employé de l'Institut d'études marxistes-léninistes, l'enfant chéri de Nexhmije Hoxha (qui dirigeait encore l'Institut à ce moment-là) avait été une hérésie. Peu après, Fatos Nano devait devenir vice-premier ministre puis, pour peu de temps, premier ministre du gouvernement communiste ; en juin 1991, lorsque le Parti du travail s'est converti en Parti socialiste au moyen d'un congrès, il est devenu président de ce parti.

Quant à l'interview de Pashko, elle était différente, ne serait-ce que par sa déclaration à propos de Kadaré. Beaucoup de gens la commentèrent plusieurs jours de suite de toutes les manières possibles, et pas seulement à Tirana, mais aussi dans les autres villes du pays. Il semble qu'elle incita fortement Elez Byberaj à téléphoner plus souvent aux intellectuels albanais depuis Washington. Il m'appela aussitôt après Pashko, à la Ligue des écrivains. Il parvint à me joindre au terme de quelques efforts et j'acceptai de lui parler. Je traitai de la manière tragique dont l'Albanais avait été défiguré au cours de son processus de transformation en "homme nouveau". Je n'oublierai pas la réaction de ce journaliste américano-albanais bien connu : de l'autre côté de l'océan, il me demanda avec une sollicitude tout amicale, après avoir arrêté l'enregistrement :

— Je diffuse tout ?

A dire vrai, cette question réveilla en moi une inquiétude : n'avais-je pas pris un peu trop de risques ? Il ne fallait pas oublier que j'avais deux enfants encore trop jeunes pour être confrontés aux souffrances des persécutions qu'on subit dans ces cas-là. Il était désormais trop tard pour regretter. Même si l'interview n'était pas diffusée, elle avait été enregistrée en entier par le Sigurimi qui surveillait toutes les conversations téléphoniques avec l'extérieur. Et le téléphone de la Ligue des écrivains où des amis me demandaient souvent, puisque je n'avais pas le téléphone chez moi, était particulièrement surveillé.

— Oui, répondis-je à Elez Byberaj en m'efforçant de ne pas laisser passer dans ma voix l'hésitation que je venais d'avoir.

En tout cas, deux jours après la diffusion de l'interview, mon interlocuteur lointain rappela pour s'assurer qu'il ne m'était rien arrivé. Ce geste était encore plus émouvant que le souvenir du jour où il m'avait écouté. Il le renouvela plus tard. Je compris que même s'il n'avait jamais mis les pieds dans son pays d'origine, il savait parfaitement comment on y vivait.

Naturellement, je ne lui racontai ni à ce moment ni plus tard le "mécontentement" que cette interview avait suscité parmi les plus hautes instances du pouvoir. Elle avait eu lieu quelques jours seulement après qu'ils eurent cru me donner une réponse qui me clouerait le bec une bonne fois. J'étais persuadé que maintenant, de leur point de vue, j'avais passé les bornes ; je méritais une bonne leçon, ainsi que quelques autres qui faisaient montre de trop d'indépendance. Mais mes amis et moi étions tout à fait convaincus que la situation actuelle ne leur permettait plus de nous donner cette "leçon". Il ne fallait pas chercher beaucoup pour trouver d'autres occasions du même genre où le "mécontentement" d'un dirigeant nous était revenu indirectement à l'oreille, à mes amis et à moi, ou ne nous était pas revenu du tout. Cette fois, ils jugèrent utile de me convoquer pour me "donner quelques conseils" directs. J'avais désormais de bonnes raisons de me sentir assez brave pour ne pas répondre à ces "conseils" par un seul mot d'autocritique du style "peut-être ai-je un peu exagéré, mais c'était sans intention de dénigrer", etc., comme cela avait été le cas d'autres fois. Nous étions tous passés maîtres dans l'art de l'autocritique de pure forme pour nous tirer des situations difficiles. Ces autocritiques font partie des actes du temps de la dictature qui ne nous inspireront jamais aucun remords.

Cependant, l'écho de l'interview continuait à se propager. Comment les félicitations que je recevais de tous côtés auraient-elles pu me faire plaisir ? J'en souffrais profondément dans mon identité d'écrivain. J'avais publié sept volumes de poésie ou de prose, des livres pour enfants et des traductions, des centaines d'articles qui avaient consumé tout le temps et toute l'énergie du plus bel âge de ma vie ; mes livres s'étaient vendus avec une rapidité que peut envier quiconque s'est engagé sur la voie de la littérature. Mais je voyais que tous ces livres et ces articles m'avaient moins fait connaître à travers l'Albanie qu'un discours de quelques minutes sur cette radio américaine ! Pour reprendre un instant les termes de Kadaré, je dirai que selon moi, cela relève des douloureux paradoxes dans lesquels vit l'écrivain en pays de dictature. Pour attirer l'attention sur sa production littéraire, il lui faut être avant tout un activiste politique reconnu.

J'attendais aussi d'un jour à l'autre la publication d'un texte dans le journal italien *la Stampa*. Je l'avais envoyé au début de novembre par un ami, professeur et traducteur connu de littérature roumaine en Italie. Le titre en était : "Les Tambours assourdis des écrivains albanais", et je m'efforçais d'y expliquer l'impossibilité d'une véritable dissidence dans notre pays. J'avais précisément choisi un journal italien parce que quelques bibliothèques de Tirana le recevaient, mais aussi parce que cet article aurait été la première prise de position dans la presse étrangère d'un intellectuel albanais vivant à l'intérieur du pays sur la situation très difficile qui y régnait ; j'espérais qu'on le commenterait à la radio et à la télévision italiennes, très suivies en Albanie. Cela m'aurait donc permis de dire ce que je ne pouvais pas affirmer directement sur place. On me fit très vite savoir que mon article avait plu à la rédaction, mais je n'ai jamais vraiment su pourquoi on ne l'avait pas publié.

Comme les réactions à l'article du journal *Drita*, les "conseils bienveillants" reçus à la suite de l'interview à la radio américaine m'avaient pratiquement barré l'accès à toute polémique. Puisque l'on n'acceptait plus mes articles, je décidai de donner sans attendre une réponse en poésie ; je savais pourtant que mes vers, dont on critiquait parfois le symbolisme "difficile d'accès pour le peuple", n'accompliraient pas totalement la mission nécessaire. *Drita* m'accorda une page, c'est vrai. Mais, sans que je le sache, on retira un poème que j'avais écrit dès 1988 et n'avais jamais publié. Comme je ne l'ai toujours pas publié, je le reprends en entier dans ces notes.

UNE JOURNÉE COMME TANT D'AUTRES

à Ibrahim Rugova

J'ai terminé ce jour sans aucun amour
Et sans aucun péché.
Je n'ai fait que distribuer des sourires à la ronde,
Dire des mots doucereux sur l'Epoque.
On ne peut me reprocher d'avoir enfreint
aucun règlement, aucune norme.
Pourtant, ce soir,
En entendant parler de toi dans les dernières nouvelles,
Je ne peux me juger qu'avec mépris, comme si j'étais
immoral.

Décembre 1988

En fait, dès que je l'avais envoyé à la rédaction, Teodor Keko m'avait dit qu'il ne fallait pas le publier : je n'avais pas le droit de me juger aussi sévèrement. C'était aux autres que s'appliquait le qualificatif d'"immoral". En tout cas, ce n'était pas une raison pour ne pas publier ce poème qui exprimait une vérité importante. Si l'on considère les risques qu'ils courent – et ils ne sont pas moindres que ceux que nous courons ici – les intellectuels du Kosovo, engagés à fond, n'ont cessé de donner un exemple qui a largement contribué à notre éveil.

Mes poèmes sortirent dans le journal *Drita* le 2 décembre. Juste une semaine, donc, avant les événements qui se produisirent à la Cité universitaire. Nous avions pourtant l'impression, je dois le dire, que cet automne finirait sans aucune turbulence. Les gens semblaient fatigués, effrayés par les graves blessures qu'ils avaient reçues pendant l'été, lorsque cinq mille personnes s'étaient enfuies par les ambassades et qu'on en avait arrêté des centaines d'autres pour avoir participé aux manifestations avortées de Kavaja, Shkodra, Tirana et d'autres villes. On parlait aussi de centaines de personnes disparues sans laisser de trace.

Mais nous, intellectuels assoiffés de changement, nous nous trompions, tout comme les gouvernants qui s'efforçaient par tous les moyens de prévenir ce changement. Il semble que la dictature est capable, plus que n'importe quel autre régime, de créer l'illusion chez les forces les plus actives de la société. J'entends par là aussi bien les forces qui visent à maintenir le statu quo que celles qui s'efforcent de briser ce statu quo. Ce genre d'illusion se vit, bien sûr, d'une façon tout à fait différente de part et d'autre, mais n'en reste pas moins une illusion. Ceux qui détiennent le pouvoir se savent hors d'atteinte. Les autres ne se sentent pas assez puissants pour entrer en guerre ouverte. C'est l'une des impostures les plus tragiques du climat dictatorial ; elle empêche d'envisager l'avenir. La théorie sur laquelle repose la dictature communiste décrète que le rôle des masses est primordial dans l'histoire, et que celui des individus est secondaire. Dans la vie pratique de ces dictatures, c'est précisément l'inverse qui se produit. Les individus prennent petit à petit l'habitude étonnante de sous-estimer le peuple qui doit toujours être "sage et patriote". Jamais, dans ces régimes, on n'utilise le mot "soumission" pour définir la réalité du pays. Le peuple ne leur donne donc jamais, par ses actes, l'occasion de se fâcher sérieusement. Je suis persuadé que c'est ainsi que ces individus irréprochables en viennent à oublier ce qui rend véritablement le peuple si sage : le système législatif, qu'ils ont formulé de manière à construire une société figée pour l'éternité.

Si l'on considère aussi les intellectuels de l'opposition en tant qu'individus – ils ne sont jamais assez nombreux, dans un régime communiste, pour constituer un courant, et encore moins une classe sociale –, il faut malheureusement dire qu'ils se coupent du peuple. Ils finissent par se forger une vision plutôt élitiste de la mission particulière qui leur incombe dans le processus d'avènement de la démocratie. Ils commencent à valoriser les idées avant tout ; ils oublient l'action. Les idées elles-mêmes leur restent si longtemps en tête qu'elles meurent souvent sans avoir été exprimées. En disant cela, je ne pense pas à ces intellectuels dont Alexandre Zinoviev a dit qu'ils ne sont dans l'opposition que pour défendre leurs intérêts propres, à savoir parvenir à un statut social qui corresponde à l'idée qu'ils se font de leurs capacités et de leur contribution personnelle à la richesse culturelle ou scientifique de la nation. Non. Je parle de ces véritables opposants à la dictature, ces missionnaires au service de la démocratie que Zinoviev appelle des héros. Le fait de vivre constamment dans le seul monde clos des idées les empêche de voir quelle force ils représentent vraiment ; comme plongés dans une rêverie hypermétrope, ils ne sont pas en mesure de bien voir ce qui les entoure.

Nous qui avons connu ce sort, nous n'avons compris ces tristes vérités qu'après avoir rompu avec la dictature ; en les affirmant maintenant, nous débordons de colère devant notre propre aveuglement.

Quant à la faute que j'avais commise en "dénigrant mon pays et mon peuple" à la radio *la Voix de l'Amérique*, la campagne de "conseils" à ce sujet ne me poursuivit pas très longtemps : elle s'étendit du 28 novembre au 8 décembre. Je fus donc convoqué pour la dernière fois par un secrétaire du Parti le matin du 8 décembre, qui tombait un samedi. Ni lui, qui me faisait des reproches et me conseillait de ne pas recommencer, ni moi qui l'écoutais, nous ne pensions le moins du monde que le soir même, à moins d'un kilomètre du bâtiment où nous nous trouvions, allait commencer le renversement définitif. Je suis sûr que si nous avions pu le prévoir un tant soit peu, mon "conseiller" et moi nous serions conduits autrement l'un envers l'autre. Il ne se serait pas senti tout-puissant devant moi, et je ne l'aurais pas écouté en silence, tout en tirant nerveusement sur ma cigarette, comme si elle y était pour quelque chose.

Pourtant, quelle que soit la beauté de l'histoire, son côté passionnant réside précisément dans l'impossibilité de prévoir la suite. A condition que cette suite ne mène pas le peuple à l'aveuglement, mais à la lumière.

LE GLAS INATTENDU DU 8 DÉCEMBRE

A million workers workin' for nothing
You better give them what they really own
We gotta put you down
When we come into town.

JOHN LENNON

LE DERNIER WEEK-END DE DICTATURE

Samedi 8 décembre 1990

Après avoir passé une matinée lassante dans les bureaux du Parti, à entendre pour la centième fois les mêmes phrases sur la lourde "faute" que j'avais commise en accordant cette interview à *la Voix de l'Amérique*, j'attendais avec un plaisir particulier huit heures du soir, car j'allais retrouver une amie. Comme nous devions nous le rappeler plus tard, nous nous trouvions aussi ensemble le soir du 2 juillet. Ce soir-là, nous nous étions attardés dans les parages de la Cité universitaire désertée par les étudiants dès la fin des examens. Nous nous trouvions donc tout à fait à l'opposé du quartier des ambassades et du centre de Tirana où se passaient des choses extraordinaires. Je me souviendrai toujours comme d'un rêve de cette soirée, qui remonte à moins d'un an au moment où j'écris mais me semble beaucoup, beaucoup plus lointaine. A l'époque, je souffrais d'un léger complexe de persécution.

En octobre 1989, j'avais adressé une lettre longue de quinze pages à Ramiz Alia, premier secrétaire du Parti du travail et président de la République, pour lui exprimer mon opposition à la surveillance exercée par le Sigurimi sur les intellectuels. Voyant qu'il avait très mal pris ma lettre, je profitai, au début de mars 1990, d'une réunion assez longue à laquelle assistait Nexhmije Hoxha pour soulever à nouveau le problème, avec encore plus de virulence. La réaction fut à nouveau très vive. Non seulement Mme Hoxha prit la défense du Sigurimi, mais elle m'accusa de "rejoindre le chœur de la réaction mondiale qui voulait comparer notre Sigurimi à la Securitate de Ceaucescu". Cet événement qu'Ismaïl Kadaré rappelle dans son livre *Printemps albanais* eut un certain écho. Pour éviter que cet écho ne s'amplifie, on maintint le voyage que je devais faire en France quelques jours plus tard. Mais j'en revins suivi par un rapport détaillé qui informait le Comité central du Parti, le ministère des Affaires étrangères et, à coup sûr, le ministère de l'Intérieur de ce que j'avais passé dix jours à Paris sans prendre aucun contact avec l'ambassade d'Albanie, commettant en outre toute une série de fautes graves.

Chargé de me rappeler à l'ordre, le directeur des relations extérieures au Comité central me parla en ces termes :

— Sais-tu que tu es le premier Albanais à sortir du pays qui ose ne pas se présenter, même brièvement, à notre représentation ?

Cela me fit sourire de penser que j'avais établi un record, mais je gardai ce sourire pour moi. Je connaissais déjà ce haut fonctionnaire du Parti. Il n'avait pas l'air vraiment menaçant. Pourtant, c'était très sérieux.

— Tu as délibérément évité la compagnie de nos diplomates !

Je faillis l'interrompre, lui demander quelle intention il me prêtait, mais le laissai poursuivre. Il me sembla qu'il ne faisait que répéter ce que l'ambassadeur-flic Ksenofon Nushi, gendre de la sœur d'Enver Hoxha, avait écrit sur moi. Si j'avais évité la compagnie de nos diplomates, c'est parce qu'ils ne m'auraient pas permis de déjeuner avec des journalistes du *Figaro*, quotidien connu pour ses positions profondément anti-albanaises, en particulier parce qu'il publiait systématiquement des interviews de Leka Ier. Au cours de la conférence que j'avais faite à l'Inalco sur la littérature albanaise contemporaine, j'avais également ironisé sur le réalisme socialiste en disant que ses principes faisaient mieux l'affaire des bureaucrates que celle des écrivains. Notre vigilant ambassadeur était aussi très mécontent des noms d'écrivains que j'avais cités au cours de cette conférence. A part Ismaïl Kadaré et Dritëro Agolli, tous les autres faisaient partie de la nouvelle génération. Ils ne bénéficiaient donc pas des louanges de la presse (comprendre : ils n'avaient pas l'estime du Parti), ce qui était pis. Qui autorise des gens aussi dépourvus de maturité politique et idéologique à franchir la frontière ? demandait à la fin de son rapport ce détective déguisé en ambassadeur, surpris et indigné de la sélection inattentive faite par les "camarades de Tirana". En fait, il savait très bien que la "sélection" n'avait pas été faite par les "camarades de Tirana". Mon séjour avait été organisé par quelques-uns de mes amis, écrivains parisiens, qui suivaient attentivement mon parcours et voulaient ainsi suggérer aux "camarades de Tirana" de ne pas me pousser à bout. A défaut d'inventer une raison de me retenir, les "camarades de Tirana" avaient eu assez d'intelligence pour tourner cet avertissement à leur avantage.

Cependant, la question que posait à la fin de son rapport ce gendre auguste – qui était aussi le frère d'un des membres les plus orthodoxes du Bureau politique, décédé au début des années soixante-dix – était tout à fait dans la logique de la principale mission des diplomates staliniens albanais : surveiller de très près les rares intellectuels de Tirana à qui l'on donnait l'occasion de voyager à l'étranger. Sur le coup, rien de ce que j'entendais ne me fit une impression particulière. Gardant mon sang-froid, je me défendis en jouant la comédie, comme nous avions pris l'habitude de le faire chaque fois que nous nous trouvions plus ou moins menacés.

— A Paris, j'étais dans un pays étranger sans un sou en poche. Je ne connaissais pas la ville, je ne pouvais donc pas me rendre à l'ambassade tout seul, et je n'avais pas de quoi me payer un taxi ou téléphoner. L'ambassade était au courant de mon arrivée ; ils auraient dû envoyer quelqu'un m'attendre à l'aéroport.

Je quittai le "camarade directeur" calme, et sans pressentir aucun danger. Mais lorsque je racontai à mes deux amis Ismaïl Kadaré et Neshat Tozaj ce qui s'était passé, ils me défendirent de le prendre à la légère. Ils me donnèrent la même explication chacun de son côté : le Sigurimi commençait à répondre aux critiques que j'avais exprimées dans ma lettre à Ramiz Alia et au cours de la réunion en présence de Nexhmije Hoxha. Il fallait donc faire très attention.

Ceci se passait au début d'avril.

Jusqu'au 2 juillet, diverses choses m'arrivèrent. La plus désagréable fut la réprimande que m'adressa, dans son bureau, le principal adjoint de Ramiz Alia à la Culture, pour l'inquiétude que j'avais causée au premier dirigeant du Parti (on voit de qui il pouvait s'agir) en me prononçant en faveur de la réhabilitation de Sejfulla Malëshova. Je restai tout penaud devant lui. Je ne me souvenais plus d'avoir dit une chose pareille. Mais je l'avais bien dite. Et je l'avais dite au cours d'un déjeuner avec deux de mes meilleurs amis, un déjeuner dans un restaurant où nous ne nous doutions pas qu'il y avait des micros.

Si j'ai rapporté brièvement ces épisodes, c'est pour montrer pourquoi j'avais développé le complexe de persécution dont je parle plus haut. Je voudrais aussi montrer comment ce complexe de persécution me fit vivre, le 2 juillet au soir, des émotions qui ne pouvaient s'appliquer qu'à une tragédie qui se jouait à quelques centaines de mètres de là, mais à laquelle ni mon amie ni moi ne prêtions la moindre attention.

Nous nous étions installés sous un arbre, sans savoir que nous nous trouvions tout près d'un des centres secrets du Sigurimi. Celui-ci fut curieusement animé jusqu'à onze heures du soir environ.

Nous connaissions les voitures qui entraient et sortaient à toute vitesse : je pensai aussitôt que si les gens du Sigurimi tournaient autour de nous, c'était pour montrer leur force, avant d'exécuter l'ordre qu'on leur avait donné de m'arrêter. L'endroit tout à fait désert et l'obscurité firent aussitôt germer dans mon esprit une autre supposition inquiétante : on allait improviser un accident, comme Neshat Tozaj me l'avait prédit. Je suivais les phares des voitures qui allaient et venaient, le cœur glacé, en tentant de toutes mes forces de cacher à la fille qui m'avait passé les bras autour du cou l'inquiétude qui m'avait saisi. J'avais très peur de passer pour un froussard, faiblesse qui m'aurait beaucoup rabaissé à ses yeux.

Je poussai ainsi quelques minutes plus loin, purement par amour-propre. Mais mon amie se rendit rapidement compte que mon humeur s'était altérée. Quand elle fut convaincue que rien ne m'atteignait, ni caresses ni taquineries, et un peu vexée que je ne lui révèle pas pourquoi j'avais changé d'attitude, elle proposa que nous partions. A présent, j'étais convaincu que ces voitures effrayantes n'avaient rien à voir avec moi ; pourtant, je sentais une angoisse inconnue m'engourdir lentement tous les muscles. Tout ce que je comprenais, c'est qu'une telle angoisse n'avait rien à voir avec le pressentiment d'un malheur personnel.

Ma route se séparait de celle de mon amie. Je rejoignis le centre de la ville. J'y découvris une foule importante, surtout de jeunes gens, que la police chargeait dans des autobus en les frappant à coups de matraque, partout où elle le pouvait, avec une brutalité extrême. Je n'avais jamais vu une chose pareille se produire dans la capitale. Il aurait fallu une audace folle pour s'arrêter et regarder, même de loin, car les nombreux policiers demandaient sur un ton menaçant :

— Qu'est-ce que vous voulez ? Circulez !

Et celui qui osait leur retourner tout naturellement la question : que s'est-il passé ? prenait en guise de réponse un coup de matraque à assommer un bœuf. Aucun des rares curieux qui se jetaient des coups d'œil furtifs n'était en mesure de fournir une explication.

Cette explication, on ne nous la donna ni le lendemain ni plus tard. Au contraire. Les questions qui se multiplièrent le lendemain, puis dans les jours et les mois qui suivirent, ne firent qu'épaissir le brouillard qui flottait sur ces événements. "Quand l'Histoire élucidera un jour l'énigme du 2 juillet 1990, elle fournira du même coup une des clés permettant de démonter un certain nombre des événements inexpliqués qui ont scellé le destin tragique des Albanais durant la seconde moitié du XXe siècle", écrit Ismaïl Kadaré dans *Printemps albanais*. Et il ajoute : "Je me dis parfois : Dieu fasse que je ne vive pas jusque-là, pour ne jamais savoir !"

J'espère que ce vœu d'Ismaïl Kadaré n'est pas parvenu aux oreilles de Dieu, car sa vie reste inestimable pour notre peuple. Tandis qu'il soupirait ainsi au cours de l'automne 1990, le pays était encore pris dans le filet d'acier de la dictature, un filet si impressionnant que mon génial compatriote lui-même ne pouvait imaginer que ces mailles sinistres se déchireraient aussi vite. Un an seulement après ces événements, le 3 juillet 1991 exactement, l'ex-ministre de l'Intérieur, Hekuran Isai, dans une interview à *Zëri i rinisë*, et l'ex-directeur de la police judiciaire, Qemal Lame, dans le journal *Rilindja demokratike*, exprimèrent la même idée : "Il faut que le président Ramiz Alia explique pourquoi il a donné l'ordre de laisser la foule accéder aux ambassades."

En tout cas, lorsque je revis mon amie le soir du 8 décembre 1990, le fait de parler de ce mystère entrait encore, comme cinq mois plus tôt, dans la catégorie des crimes politiques contre l'Etat passibles de dix ans de prison. Mais ce n'est pas pour cette raison que nous n'en avions pas parlé, le peu de fois où nous nous étions trouvés ensemble. Il s'était alors écoulé assez de temps pour nous permettre de classer les événements de l'été comme des choses qui ne risquaient guère de se reproduire. La vie sous la dictature fait vieillir l'histoire très vite et mystifie en même temps ; elle empêche l'individu de penser qu'il peut contribuer à altérer son cours. C'est particulièrement vrai sous la dictature du prolétariat, où on ne cesse de prôner par tous les moyens, et avec la plus grande insistance, l'idée que l'individu en lui-même est impuissant, que la collectivité jouit d'une force magique. Pourtant, il s'y crée un culte de la personnalité comme on n'en trouve dans aucun autre régime. Mais ce n'est pas non plus pour cette raison que, ce soir-là, nous n'avons pas reparlé de ce qui s'était passé pendant l'été.

Malgré mes soucis au cours de cette période, une bonne partie de notre conversation roulait sur John Lennon. A l'Institut supérieur des arts, un groupe d'étudiants et d'enseignants avait organisé une soirée commémorative à l'occasion du dixième anniversaire de sa mort. Celle que j'aimais venait me voir à propos de cette soirée. Nous étions heureux tous les deux que les organisateurs aient pu obtenir sans trop de peine l'autorisation de parler de John Lennon et de passer en public des disques de ses chansons. Etait-ce enfin le signe que le régime commençait à faiblir ? Nous n'avions pas l'illusion de le voir se libéraliser de son plein gré.

Si nous avions pu envisager le tremblement de terre qui allait se déclencher ce soir-là à la Cité universitaire, une telle question nous aurait semblé parfaitement absurde. Je ne voudrais pas donner l'impression que les intellectuels albanais sont incapables d'envisager l'avenir. Mais au cours de cette dernière année, surtout après les chambardements qui s'étaient produits dans tous les pays de l'Est, nous, qui étions les seuls à rester sous une dictature communiste, nous avions pratiquement perdu cette consolation. J'ai dit un peu plus haut que la vie sous la dictature fait vieillir autrement l'histoire et repousse le passé très loin dans le temps. La même chose se produit pour le lendemain, qui semble éternellement différé. C'est pourquoi les gens passent leur temps à attendre, une attente interminable, uniforme, monotone, qui parvient peu à peu à priver ce que l'on cherche de tout aspect concret. Nulle part la situation de paralysie morale de ce peuple ne s'exprimait mieux que dans la manière dont les gens communiquaient. Il n'était pas rare qu'une conversation commence et finisse par la même question et la même réponse :

— Quoi de neuf ?

— Rien.

Ou encore :

— Qu'est-ce que tu fais ?

— Rien.

Dans tous les cas, *rien*. C'est-à-dire la mort. Une mort qui étreignait insensiblement notre peuple. La mort cérébrale. Plus exactement, le lavage de cerveau. Cela faisait trois générations nées et élevées à l'ÉPOQUE SOCIALISTE ; je veux parler de trois générations ayant atteint l'âge d'avoir elles-mêmes des enfants. Leur cerveau n'était nourri que de l'histoire glorieuse du Parti du travail et des leçons sans faille du camarade Enver Hoxha.

— Quoi de neuf ? demandai-je moi-même à Sali Berisha en le retrouvant le dimanche 9 décembre, à dix heures, ainsi que le cinéaste Kujtim Çashku, pour prendre le café au bar de l'hôtel Tirana comme convenu.

— Rien, me répondit-il. Que veux-tu qu'il y ait de neuf ?

Et il haussa les épaules, comme si ma question le dépassait.

Nous l'ignorions encore, en fait, mais ce "rien" de routine avait pris fin une fois pour toutes.

Nous finissions notre café lorsqu'une personne que nous connaissions s'assit à côté de nous sans nous demander notre avis. C'était un officier du

Sigurimi ; par provocation ou pour le plaisir, je ne sais, il s'efforçait de fréquenter les intellectuels un peu connus.

— Vous êtes au courant ? nous demanda-t-il à tous les trois, à peine arrivé. Puis, sans attendre notre réaction, il ajouta en haussant le ton : Hier soir, il y a eu du grabuge à la Cité universitaire.

Je vis mes amis l'envelopper d'un regard où une secrète curiosité le disputait à l'incrédulité. Montrer trop de curiosité en pareil cas était fort dangereux. Surtout sachant que nous nous trouvions au bar de l'hôtel Tirana, fréquenté d'habitude par les étrangers, où l'on faisait donc tout ce qu'il fallait pour connaître les opinions de la clientèle. Nous qui connaissions notre interlocuteur, nous savions bien qu'il ne tiendrait pas et nous déverserait tout ce qu'il savait sans avoir besoin qu'on le pousse.

— Hier soir, les étudiants ont fait une manifestation terrible. Ne me dites pas que vous n'en avez pas entendu parler !

— Là, tu débloques ! lui répondis-je sérieusement, me souvenant que j'étais encore dehors à onze heures.

— C'est toi qui débloques, me répliqua-t-il en élevant la voix. Puis il poursuivit en chuchotant : A une heure du matin, ils ont été reçus par Ramiz Alia... Tu comprends ce que cela veut dire ? Ils ont tiré du lit le camarade Ramiz en personne...

Ils avaient effectivement vu Ramiz Alia, après que ni Xhelil Gjoni, secrétaire du Comité central du Parti, ni Hekuran Isai, ministre de l'Intérieur, ni Piro Kondi, secrétaire du comité de parti pour Tirana, n'eurent réussi à les calmer, que ce soit par des conseils ou par les matraques de la police.

— Mais après cette entrevue, ils se sont calmés ? Enfin, ils ont accepté d'interrompre leur manifestation ? intervint pour la première fois le docteur Berisha.

Sur le coup, sa question ne me frappa pas particulièrement. Elle donnait l'impression d'une question naturelle, destinée à apaiser sa curiosité. En y repensant, par la suite, je finis par comprendre quelle inquiétude profonde cette question révélait chez mon ami. Et si Ramiz Alia avait réussi à faire reculer les étudiants ? Chez les intellectuels, on savait combien il était rusé.

— Non, lui répondit l'autre. Aucun ne l'a écouté. Ils sont encore en train de manifester. Ils veulent absolument descendre au centre de Tirana. Je ne sais quelle mouche les a piqués... Puis, s'adressant à moi :

— Il y a un type de Tropoja à leur tête. Tu dois le connaître...

— Comment s'appelle-t-il ? lui demandai-je avec énormément d'intérêt.

— On me l'a dit, mais je ne m'en souviens plus.

— De quoi ont-ils discuté avec Ramiz Alia ? demanda encore le docteur Berisha, toujours d'une voix neutre.

— Ils ont exposé leurs revendications : améliorer les rations alimentaires et les conditions de vie à la Cité universitaire. Mais ils ont aussi des revendications politiques.

Il ne savait pas, ou ne voulut pas nous dire quelles étaient ces revendications politiques. D'ailleurs, nous ne le lui demandâmes pas non plus. Ce qu'il nous avait raconté suffisait à nous persuader que ce n'était pas l'expression du mécontentement ordinaire des jeunes. Plus exactement, nous pûmes aussitôt nous convaincre que cela différait totalement de la manifestation du printemps, où un groupe d'étudiants assez important était sorti dans les rues de la Cité universitaire dans un accès de fièvre, mais n'avait pas su mettre le feu aux poudres, et n'en avait pas eu le courage non plus. Nous fûmes aussi tout de suite convaincus que cela différait totalement des protestations que les étudiants avaient présentées au premier ministre Adil Çarçani, d'abord au moyen d'une lettre qu'ils avaient affichée dans les rues les plus animées de Tirana, puis directement lorsque le premier ministre était venu visiter la Cité universitaire quatre ou cinq jours plus tôt.

Nous quittâmes notre "informateur" en faisant comme si ce que nous venions d'entendre ne présentait aucun intérêt particulier pour nous. Dès que nous fûmes seuls, nous décidâmes de nous rendre immédiatement chez les étudiants. Il était dix heures et demie du matin. C'était un jour d'hiver ensoleillé, un de ces jours auxquels peut s'appliquer le vers par lequel commence l'un des plus beaux chants de notre *Epopée des preux* : "Le soleil luit fort et ne chauffe guère."

Nous fûmes encore plus déterminés à y aller en apprenant que les étudiants nous demandaient. Les étudiants qui se dirigeaient vers la place Skënderbeg venaient surtout de la faculté de géologie et des mines, et de l'Ecole du génie mécanique ; mais on trouvait aussi parmi eux des groupes d'autres facultés. Il s'agissait donc de facultés où les garçons étaient majoritaires. Mais il y avait aussi des filles dans la manifestation. La police avait fermement stoppé les étudiants avant même qu'ils n'aient parcouru cinq cents mètres hors de la Cité universitaire. Ils se trouvaient bloqués rue Labinoti. La tête du cortège se trouvait à la hauteur du musée Lénine-Staline. Sa queue arrivait donc devant l'ambassade d'Italie et la résidence de l'ambassadeur de France. Les diplomates étaient-ils sortis pour filmer, ou faire au moins quelques photos ? Car il n'était pas question que des cameramen ou des reporters photographes albanais soient venus sur place. Pourtant, c'était un événement qui devait absolument laisser des traces.

Après la rencontre qu'ils avaient eue la veille au soir avec le directeur général de l'université, mais aussi avec les plus hauts fonctionnaires du Parti et de l'Etat, les étudiants acceptaient à présent de discuter avec Sali Berisha, professeur à la faculté de médecine, Gramoz Pashko, professeur à la faculté d'économie, et Besnik Mustafaj, écrivain. Ils avaient déclaré qu'ils n'écouteraient qu'eux en attendant le nouveau rendez-vous qu'ils avaient demandé à Ramiz Alia. Celui-ci avait accepté, tout en posant quelques conditions que les étudiants ne pouvaient accepter. Ils refusaient de discuter avec lui en délégation, à tour de rôle. Ils craignaient que le président ne vienne à bout de la résolution de dix ou quinze personnes. Ils exigeaient donc une rencontre sur la place de la Cité universitaire, rencontre à laquelle participerait qui voudrait. Même s'ils ignoraient comment on pouvait discuter dans un tel rassemblement, ils refusaient de céder sur ce point. Ils avaient compris que le seul but de Ramiz Alia était de leur faire oublier leurs revendications politiques ; et il ne pourrait atteindre ce but pervers devant cinq ou dix mille étudiants. Même si une telle invitation présentait des dangers en cette période où nul ne pouvait envisager quelle tournure prendraient les événements, et aussi rapidement, elle me remplit d'une joie que je ne me rappelle pas avoir éprouvée auparavant.

Cependant, les étudiants avaient aussi lancé un appel général à tous les intellectuels de Tirana pour qu'ils s'unissent à eux ; plus précisément, ils avaient pensé l'adresser à l'intelligentsia de Tirana, mais n'avaient eu ni le temps ni les moyens de diffuser cet appel. La police faisait tout pour les isoler. Toute la zone où se trouvaient ceux qui avaient commencé à manifester était encerclée, ainsi que la Cité universitaire, à tel point que Berisha, Çashku et moi eûmes bien du mal à franchir les barrages renforcés de la police et de l'armée. Il n'y manquait que les tanks.

Tandis que nous frappions çà et là pour trouver une brèche qui nous permette de rejoindre les manifestants, je pouvais voir plus d'étonnement que d'inquiétude sur les visages des "gardiens de l'ordre". Leur confusion était tout à fait naturelle. C'était même le seul sentiment qui pouvait leur convenir à ce moment-là. Ni eux ni personne à Tirana ni en Albanie n'avait jamais entendu une foule cernée de tous côtés par la police crier d'une seule voix, en plein milieu de la ville : "A bas la dictature ! Nous voulons la démocratie !" etc. Nous n'avions rien entendu de tel dans les rassemblements autour des ambassades. Ceux-ci avaient été silencieux et chaotiques. Chacun s'était efforcé de franchir au plus tôt la grille de l'ambassade où il espérait trouver refuge, et c'était chacun pour soi. Même s'ils étaient des milliers, ces gens ne constituaient pas vraiment une foule en révolte, malgré le poids de leur geste qui marquait le rejet du régime. Inversement, le rejet de la dictature que manifestaient désormais les étudiants était tout à fait différent. Les étudiants cherchaient à en détruire les fondations. Mon Dieu, donnez-leur la force de ne pas abandonner à mi-chemin !

L'inquiétude croissait d'un instant à l'autre dans les yeux des "gardiens de l'ordre". De toute évidence, ils n'avaient pas envisagé que la plaisanterie durerait aussi longtemps. Quant à l'inquiétude, à la peur, je crois que les policiers n'y pensaient pas non plus. Connaissant l'histoire écrite pendant près d'un demi-siècle par notre police "populaire" au service de l'Etat de dictature du prolétariat, ils ne doutaient nullement de leur capacité à "clouer le bec à tous ces voyous comme ils le méritaient". En outre, dans ce cas précis, leur mécontentement croissait de voir leurs supérieurs "montrer une patience à toute épreuve" et différer l'ordre de charger.

Le spectacle qui s'offrit à nous lorsque, après plus d'une demi-heure d'efforts frénétiques, nous parvînmes enfin où il le fallait, était incroyable.

— Regardez comme ils sont devenus beaux ! s'exclama enfin Çashku.

En d'autres circonstances, sa remarque aurait pu paraître incompréhensible, mais là, elle me plut beaucoup. Ces garçons et ces filles qui n'étaient pas plus d'un millier, tous des environs, avec de mauvais vêtements trop légers pour la saison, le visage blafard de ne pas manger à leur faim – non seulement ces derniers temps, mais depuis leur naissance –, avaient vraiment pris une grâce extraordinaire. Dans tout le folklore albanais antique, on dit des héros qui s'avancent vers la mort qu'il leur est advenu une beauté singulière.

Mais cette foule de garçons et de filles, allait-elle à la mort ?

Non, en aucune façon, non !

Ils allaient vers une renaissance. Vers leur renaissance, et celle de l'Albanie. Ils faisaient ce qu'on avait qualifié d'infaisable durant tant d'années. Leur mort était la dernière chose à laquelle il fallait penser. Cette grâce n'était rien d'autre que la résurrection de leurs espoirs défunts : avec leurs frères et leurs sœurs, avec leurs parents, tous, tous, ils allaient pouvoir vivre comme des êtres humains. Enfin !

Et pourtant, après la dispersion du cortège rue Labinoti, lorsque le docteur Berisha et moi rencontrâmes Azem Hajdari, étudiant en sciences politiques, organisateur des rassemblements de la veille et dirigeant de la manifestation de ce jour, son premier mot fut :

— J'ai entrepris tout ça pour en mourir, pas pour laisser tomber en cours de route !

Pourquoi diable en mourir ?

— Non, pour ce qui est de mourir, personne n'a besoin de mourir ! dit le docteur Berisha, exprimant exactement ce que j'avais en tête.

Quelques mois plus tard, alors que je discutais avec lui dans un café du boulevard Saint-Germain, Ismaïl Kadaré me dit que notre peuple est profondément défaitiste, plus que tout autre. Les idées qui circulaient à la Cité universitaire dans ces moments difficiles me revinrent aussitôt à l'esprit. L'évocation de la mort avait le pouvoir magique de rendre ces garçons et ces filles de vingt ans invincibles, de leur remonter le moral.

— Nous mourrons tous ensemble et nous ne laisserons personne nous tromper ! Je mourrai le premier !

C'est par ces mots qu'Azem Hajdari calma une foule de près de cinq mille étudiants, ce même dimanche, à sept heures du soir. C'était un des moments les plus délicats : tout menaçait de retomber avant d'avoir vraiment commencé. Après l'échec du matin, les étudiants avaient décidé de descendre à tout prix place Skënderbeg. Pourtant, le docteur Berisha et moi leur disions qu'il ne le fallait pas. Nous parvînmes à convaincre Azem, en discutant avec lui dans une des salles du sous-sol de la cantine centrale, à la Cité universitaire, mais lui-même eut bien du mal à convaincre ses camarades. Dès ses premiers mots à la foule qui attendait dehors le résultat de nos discussions avec son leader, Azem se fit siffler. Nous restions tous les deux dans un coin, le cœur glacé.

— Il ne faut pas, reprit Azem de toute sa voix qui commençait à s'enrouer.

Une autre vague de sifflets s'éleva. Puis une voix qui fut suivie de dizaines d'autres :

— Tu nous as trahis ! Ces deux-là – il parlait de nous – sont envoyés par Ramiz Alia pour nous tromper !

Mon Dieu ! On soupçonnait encore une ruse de Ramiz Alia ! Nous devions avoir moins de mal à vaincre les bataillons de la police que ce soupçon, qui venait précisément de la réputation du président.

— Non..., voulut répliquer Azem, mais en vain. On ne le laissait même plus parler. J'eus l'impression qu'il allait leur renouveler son serment le plus cher, et sans doute le plus sincère, de mourir plutôt que de trahir.

Dans de tels instants, la confiance qu'on a pu gagner en se fatiguant et en bravant le danger s'effrite à une vitesse affolante. C'est que les gens obéissent beaucoup plus à leurs sentiments et à leur passion qu'à la logique.

— Comment se fait-il qu'ils n'aient pas trouvé au moins un mégaphone ? soufflai-je au docteur Berisha.

Il ne répondit pas. De toute façon, je ne parlais que pour dire quelque chose, pour tenter de dissiper un peu mon émotion.

Il fallut un certain temps pour retrouver un peu de calme et pour qu'Azem puisse poursuivre. C'est précisément à ce moment-là qu'il se mit à parler de mort. En l'entendant, je me demandai si Azem et ses camarades savaient vraiment pourquoi ils voulaient mourir. Dans la courte conversation que le docteur Berisha et moi venions d'avoir avec lui, Azem s'était montré confus et incapable de défendre les revendications du mouvement étudiant qui venait de surgir. Dans ces revendications calquées sur les slogans de la manifestation, il manquait même l'essentiel : le multipartisme.

Le docteur Berisha poussa enfin un soupir de soulagement. Aussitôt emporté par l'enthousiasme qu'on lui connaît, il s'exclama :

— Miracle ! C'est la victoire.

Aucun autre intellectuel n'était encore arrivé à la Cité universitaire. Moi qui me trouvais là, sincèrement, je n'étais nullement convaincu que c'était la victoire. Ce soir-là, Sali Berisha, que tout le pays ne connaissait que comme cardiologue, était certainement le seul homme en Albanie à voir se dessiner les contours de l'avenir. C'est lui qui me poussa à retourner voir les étudiants. Cela se passait vers cinq heures du soir.

Depuis onze heures, nous venions de passer les heures les plus épuisantes de notre vie.

Dans la manifestation, nous nous trouvions derrière les rangées de policiers qui avaient pris position face aux étudiants. Il y avait dix à quinze personnes avec nous ; je ne sais comment elles étaient parvenues à passer. Azem Hajdari, à la tête de la foule, nous vit peu après et nous fit un salut de la main. Le docteur Berisha ne s'en rendit pas compte. Il ne le connaissait pas, même si nous étions tous les trois de la même région ; mais moi, oui. Nous avions pour ainsi dire été élevés ensemble. Je n'ai que quatre ans de plus qu'Azem et nous sommes nés dans une petite ville. Elle compte aujourd'hui près de sept mille habitants, mais n'en avait guère plus de trois mille lorsque nous étions petits. Nous, les enfants, nous fréquentions tous la même école et jouions au même endroit. Quant à nos parents, ils entretenaient des rapports de voisinage. Je puis affirmer que le fait de connaître Azem eut une importance particulière ce jour-là, car il nous permit d'établir rapidement des relations de confiance avec le groupe d'étudiants qui organisait les manifestations.

Mais je dois dire que je ne me suis rendu vraiment utile qu'une fois : lorsque la police a chargé brutalement les étudiants à coups de matraque. J'ai alors vu mon ami Berisha perdre la tête. Sans mon aide, il aurait eu du mal à s'en tirer sans conséquences graves. Il se mit à hurler :

— Qu'est-ce que vous faites ? Salauds ! Assassins !

Et il se lança au plus fort de la mêlée. Je l'agrippai par les bras, mais son grand corps était trop difficile à retenir. Il faillit m'entraîner avec lui.

— Je t'en prie, vraiment ! criai-je de toutes mes forces. Les étudiants ne t'ont pas fait venir pour voir la police te massacrer ! Ce n'est pas ce qu'ils attendent de toi !

Cela ralentit un peu son élan.

— Ensuite, n'oublie pas que tu es malade, ajoutai-je, soudain poussé par une autre crainte. Quelques mois plus tôt, une crise cardiaque assez grave lui avait fait passer plusieurs semaines en réanimation.

A ce moment-là, une femme me sauta dessus. Apparemment, elle connaissait le docteur et pensait que son intervention avait une chance d'arrêter les policiers. Elle aussi, elle avait l'air égaré.

— Laisse-le ! me hurla-t-elle comme une folle. Laisse-le ! Qui t'a demandé de le retenir ? Laisse-le ! Il sait ce qu'il a à faire !

Cela n'aurait servi à rien de lui expliquer. Nous nous trouvions à présent au milieu d'une foule de policiers, de soldats et d'élèves des écoles militaires venus en renfort. La rue Labinoti, qui sépare le lycée artistique du musée Lénine-Staline, était devenue trop étroite tant il y avait de monde. C'est pourquoi il nous fallait bouger sans cesse, circuler de part et d'autre pour voir tout ce qui se passait. C'était la première fois que je voyais la police albanaise équipée de tous ces moyens de défense. Ainsi, la tête et le visage couverts, avec les boucliers qu'ils tenaient de la main gauche pour se protéger la poitrine, ils avaient l'air encore plus effrayant. Ce jour-là, j'ai vu et entendu tellement de choses surprenantes, et même terrifiantes, pour la première fois ! Les soldats et les élèves des écoles militaires, eux, n'avaient pas de moyens de défense ; au lieu de matraques en caoutchouc, ils avaient des pelles de sapeur. Nous avions vu beaucoup de soldats, de policiers et d'élèves des écoles militaires équipés du même "armement" au début de juillet devant les ambassades.

Ce n'est qu'en voyant un étudiant couvert de sang qu'un groupe de policiers jetait dans un camion comme un vulgaire ballot de linge, après l'avoir roué de coups, que je me rendis compte que j'étais en larmes. Je ne sais depuis combien de temps mes larmes coulaient comme une fontaine et me dégoulinaient le long du menton. Je tenais toujours fermement le docteur Berisha par les bras. Le temps passait trop lentement. Il s'était pour ainsi dire arrêté.

Il s'était arrêté pour nous deux qui étions obligés de rester les spectateurs de ce drame inhumain. Notre place aurait dû être quelques mètres plus loin, au milieu des manifestants. Mais nous étions arrivés un peu trop tard. Pas assez tard, heureusement, pour mériter qu'on nous traite de froussards.

Le temps s'était aussi arrêté pour les étudiants qui ne parvenaient pas à réaliser leur principal objectif : descendre sur la place Skënderbeg. A leur avis, c'était la meilleure solution. On était dimanche, et qui plus est un dimanche d'hiver ensoleillé (encore une fois : le soleil luit et ne chauffe guère). Selon la coutume de notre capitale, la place était couverte de promeneurs. Ainsi, les revendications des étudiants ne resteraient pas confinées dans la Cité universitaire. Cela, la police y avait pensé aussi. Elle leur barrait la route. Désormais, pour les étudiants, le temps passait au rythme où il passe quand on est pris dans une terrible souricière.

Mais le temps s'était enrayé pour la police aussi. Et surtout pour ceux de la tristement célèbre compagnie d'intervention spéciale 326, les "*SAMPISTES*", qui étaient impatients de mettre la main à la pâte. En voyant de près, ce jour-là, comme ils se querellaient entre eux en attendant l'ordre d'"agir", j'acquis la conviction que la rumeur selon laquelle ils prenaient des excitants violents était fondée. Tous leurs gestes, jusqu'à leur manière de s'adresser les uns aux autres pour demander une cigarette, révélaient une agressivité qui n'avait rien d'humain. Le temps des policiers, tout comme celui du groupe d'instructeurs du Parti qui tournait autour en serrant nerveusement les mâchoires, s'était arrêté d'une autre façon. Il fonctionnait encore selon le mouvement qu'Enver Hoxha avait imprimé à ses ressorts. Seul, sans doute, le chant polyphonique bien connu qui figurait au programme de la plupart des spectacles folkloriques depuis quelques dizaines d'années aurait pu les apaiser. Il commençait par ces mots : "O Staline, si tu étais encore en vie, ô Staline !" (Ou mieux : "O Enver, si tu étais encore en vie, ô Enver !" – lui, il aurait su donner une bonne leçon à ces voyous mâtinés d'espions de la réaction mondiale qui voulaient renverser le pouvoir populaire en Albanie !)

Le temps s'était aussi arrêté pour la masse des soldats et des élèves des écoles militaires. A défaut de pouvoir s'opposer ouvertement aux ordres de leurs supérieurs qui leur hurlaient de décrocher de leur ceinture leurs pelles de sapeur (leurs hachoirs, comme le docteur Berisha devait les appeler au cours d'une discussion avec Ramiz Alia) et de rejoindre la police, ils se bousculaient pour ne pas être au premier rang. Ils gardaient les yeux baissés, comme s'ils avaient voulu se dissimuler à eux-mêmes la honte qu'ils ressentaient d'être contraints à prendre part à cet affrontement sans gloire. Le temps s'était arrêté pour eux en un point indéterminé. Ils étaient dans les affres de l'indécision quant à la place qui leur revenait. Leur origine – ils venaient eux aussi des villages et des villes périphériques d'Albanie et beaucoup d'entre eux pouvaient avoir des frères, des sœurs ou des amis d'enfance parmi les manifestants –, leur origine, donc, les aurait plutôt poussés à prendre le parti des étudiants. Cependant, leur avait-on appris, l'honneur de l'uniforme qu'ils portaient exigeait d'eux qu'ils soient sans merci avec... Ah, quel dilemme ! Quelques jours plus tard, nous devions apprendre qu'une classe de l'Ecole supérieure militaire Enver Hoxha, soit trente personnes environ, avait refusé ce jour-là de descendre sur le champ de bataille contre leurs quasi-frères de l'université qui portait elle aussi le nom d'Enver Hoxha. Ils furent renvoyés de l'Ecole dès le lendemain, sur ordre exprès de Kiço Mustaqi, ministre de la Défense et membre du Bureau politique. Ayant trahi les intérêts de la patrie, ils n'étaient plus dignes d'appartenir à cette école.

Le temps était arrêté. Pas mort ! Mort, non, mais sérieusement blessé. Une blessure suffisante pour que la douleur se manifeste de mille et une façons différentes dans toute la société albanaise. C'étaient les douleurs de l'enfantement, et celles de l'agonie, qui avaient saisi les deux parties inconciliables de la société.

Allait-on voir couler le sang ?

Cette question avait soudain surgi dans l'esprit du peuple. Certains, ceux qui savaient que la “forteresse” les entraînerait dans sa chute, hurlaient comme des fous : Oui ! Nous avons conquis le pouvoir par le sang et nous le défendrons par le sang. Au plénum extraordinaire du Comité central du Parti qui eut lieu deux jours après, le mardi 11 décembre, Haxhi Lleshi et nombre de ses camarades de guerre, membres ou non du Bureau politique, ainsi que beaucoup de jeunes cadres – surtout ceux qui, issus de la classe ouvrière, avaient été élevés à la direction du Parti et trouvaient très agréable de vivre au sommet de la pyramide – demandèrent que les partisans reprennent les armes comme autrefois.

Du sang, en aucun cas ! juraient les autres. Pour un millier de raisons, pas de sang ! Ce sont nos fils. C’est notre sang le plus neuf. Evitons à tout prix un Tian An Men albanais. Nous sommes en Europe. Les expériences asiatiques, ça suffit ! Montrons que nous sommes un peuple civilisé, que nous sommes capables de conquérir la démocratie par des moyens démocratiques. L’armée avec nous ! Les policiers sont nos frères ! hurlait Azem Hajdari, soutenu par un chœur de centaines de voix, au milieu des coups. Les soldats sont nos frères ! La police avec nous ! Au même moment, les matraques se déchaînaient contre leurs corps frêles.

Rien ne se fait sans verser de sang ! Ils ont la police et l’armée. Ils ont voulu du sang et nous leur avons répondu par du sang. Que notre sang serve à fonder la démocratie, qu’au moins il mette fin à leur domination sanglante ! criaient beaucoup d’autres, qui craignaient que l’Albanie ne passe à côté de cette chance. Qui pouvait dire quand celle-ci se représenterait ? L’histoire de l’Albanie se développe en cycles de cinquante ou cinq cents ans. Voici venu le tour du cycle de cinq cents ans. Terrible. Qui aurait la patience d’attendre encore cinq siècles sous la dictature ? Cela suffit, n’est-ce pas ?

Le temps était-il venu pour les fils de l’Albanie de devenir des héros sans verser leur sang ? Si oui, cela voulait dire que ce pays était entré dans une ère nouvelle, une ère de civilisation véritable. Ah, si seulement... Près d'un an plus tard, le 17 novembre 1991, Neshat Tozaj révéla, dans un article publié par le journal *Tirana*, un extrait d'un document top secret, sans préciser qui le lui avait remis. Selon cet article, le document cité, daté du 5 avril 1990, porte le numéro 393. Il s'intitule : "Directive méthodologique concernant les mesures militaires opérationnelles à prendre par les services du ministère de l'Intérieur pour la dispersion des manifestations." Le texte est signé de l'ex-ministre de l'Intérieur Simon Stefani. Il est accompagné d'un document de la direction de la Police du ministère de l'Intérieur précisant : "Cette information est confidentielle. Elle s'adresse exclusivement aux cadres de la direction du service. Conformément à la spécificité de chaque district, envisager les mesures à prendre. Développer l'entraînement des troupes, en gardant le secret sur les objectifs poursuivis. Communiquer à la direction de la Police la date de l'entraînement." Le 1er novembre 1990, Hekuran Isai, qui avait succédé à Simon Stefani à l'Intérieur, reconduit cette "directive" en définissant le programme de préparation spéciale des effectifs de la police albanaise pour l'année 1991. Je reproduis l'extrait de ce document tel que Neshat Tozaj le rapporte dans cet article :

FORCES ET MOYENS À UTILISER

"Forces propres : 2 groupes de *sampistẹs* de la compagnie 326, 2 groupes de l'Ecole de police, matraques, casques, boucliers, vêtements pare-balles, fusils lance-grenades, munitions chimiques, fusils Sniper (2 pièces), fusils police (4 pièces), véhicules d'appoint pour bloquer les rues, appareils-photos (4 pièces), caméras (2 pièces).

"Les émeutes en Albanie sont provoquées par les révisionnistes de Belgrade.

"De notre côté :

– Il faut frapper ceux qui ont tendance à organiser des manifestations ;

– Ceux qui crient les slogans : «Liberté-démocratie», «A bas», «A bas Y», «Vive Z».

"Pour cela, le service d'ordre place en état d'alerte l'ensemble des effectifs et informe le ministère de l'Intérieur, le comité de parti, le comité exécutif*. Dans ce cas, le ministère de l'Intérieur (l'ensemble des services) est placé en état d'alerte armée n° 1.

– Dans la ville de Tirana, placer rapidement des véhicules pour bloquer les directions : de l'université de Tirana, du comité de parti, du comité exécutif. Ces lieux sont placés sous surveillance.

– L'appel suivant est lancé aux manifestants : «La patrie socialiste est en danger. Un groupe de malfaiteurs et d'ennemis de classe veut renverser le pouvoir populaire et porter au pouvoir le *Balli Kombëtar***, *Legalitet**** et d'autres organisations contre-révolutionnaires. Nous appelons les honnêtes gens à se disperser en direction de... Nous vous accordons dix minutes. Dans le cas contraire, les forces de l'ordre ont pour consigne de recourir à la contrainte en mettant en œuvre tous les moyens dont elles disposent.»

– Filmer les manifestants en action.

– Deux groupes de la compagnie 326 s'approchent de la foule, en donnant l'assaut dans deux directions.

– Prendre en filature les organisateurs et les agitateurs, utiliser matraques de caoutchouc, pistolets électriques, gaz lacrymogènes, engins

* Organe du pouvoir municipal.

** "Front national", organisation anticommuniste créée pendant la Seconde Guerre mondiale, déclarée hors la loi à l'arrivée des communistes au pouvoir en novembre 1944.

*** "Légalité", parti royaliste d'Ahmed Zogou (roi d'Albanie de 1928 à 1939), également déclaré hors la loi à l'arrivée des communistes au pouvoir en novembre 1944.

paralysants, gaz toxiques, à jeter des terrasses du comité exécutif.

"Il est obligatoire :

– De renforcer les mesures prises pour la défense des monuments et des bustes des classiques du marxisme-léninisme et des dirigeants du Parti et de l'Etat. A toute heure, les services de l'Intérieur doivent tenir prêts les moyens et les armes nécessaires pour faire face aux cas les plus difficiles.

– Les actions de la police sont toujours organisées et dirigées.

– Les participants à ces opérations se distinguent par leur haut niveau de discipline, leur sang-froid, leur audace, leur courage, leur maturité, de manière à éviter les provocations et les attitudes extrémistes.

– En cas d'attroupement, frapper aux points sensibles, surtout les bras et le dos."

Même sans avoir eu connaissance de ces consignes, nous n'avions aucune raison d'espérer voir cette tempête passer sans effusion de sang. Devant nous se trouvaient des policiers, qui cognaient les étudiants comme des sourds. Comme on me le raconta plus tard, ils avaient reçu pour consigne de ne pas frapper à la tête. Mais il y eut des lèvres et des sourcils fendus, des yeux pochés. Quatre personnes durent être hospitalisées, même si cela présentait encore plus de risques. Parmi elles, une jeune fille. Les autres blessés faisaient partie de ceux qu'on avait arrêtés. Des dizaines d'autres cachèrent leurs blessures. A présent, couverts de sang, ils paraissent encore plus beaux, aurait dit notre ami le cinéaste s'il s'était trouvé près de nous ; mais nous l'avions perdu de vue.

Nous avions aussi perdu de vue les étudiants. Pourchassés par la police à qui leur débandade redonnait de l'audace, ils s'étaient dispersés dans toutes les directions. Beaucoup d'entre eux s'étaient réfugiés dans les maisons alentour.

Mon Dieu ! Ce peuple cessait d'avoir peur. Il osait ouvrir sa porte à des gens poursuivis par la police. C'était pourtant un grave délit politique, un crime contre l'Etat passible, selon le Code pénal, d'une peine allant jusqu'à quinze ans de prison. Cette disparition de la peur est le premier signe, le plus significatif, de la mort inéluctable de la dictature. A présent, ce peuple aurait aussi l'audace de demander pourquoi on avait usé de violence envers les étudiants. Et le gouvernement serait obligé de fournir des explications.

"La police est intervenue parce qu'on l'a attaquée à coups de pierres." Naturellement, cette explication ne tenait pas debout. A peine la manifestation dispersée, le docteur Berisha le fit savoir de sa voix tonnante sur le lieu même de la "bataille", aussi bien au responsable de la police albanaise et à ses collaborateurs qu'au secrétaire du comité de parti pour Tirana. Mais l'important, c'était que le régime était obligé de fournir une explication. Combien de milliers d'innocents avait-on tués depuis quarante-cinq ans ? On jugeait superflu d'en parler en public, d'en dire seulement un mot. A présent… Indépendamment du vocabulaire employé, les communiqués officiels indiquaient au fond que le terrible ministre de l'Intérieur (et derrière le ministre de l'Intérieur, il y avait le Parti) tentait désespérément de se disculper. Il ne faisait donc plus aucun doute que la peur cessait d'être du côté du peuple pour s'emparer de ceux qui détenaient le pouvoir. Jusqu'à Ramiz Alia lui-même, dont le pouvoir en tant que premier secrétaire du Comité central du Parti, président de la République et commandant en chef des Forces armées d'Albanie était illimité.

La veille au soir, à minuit passé, il avait été obligé de sortir du lit (incroyable !) à cause d'un "paquet de bons à rien" et de discuter avec eux, de leur promettre que leurs revendications (du moins celles d'ordre matériel) seraient satisfaites sur-le-champ. Lorsque les manifestations se développèrent, il fut obligé d'accepter ce qu'il avait refusé aux étudiants la nuit précédente : venir immédiatement à la Cité universitaire, à condition qu'ils interrompent leur manifestation et regagnent leurs internats. Alors que le calme n'était pas encore revenu sur le "champ de bataille" de la rue Labinoti, il dut recevoir sans délai un autre groupe de ceux qui s'étaient heurtés à la police. Vers seize heures trente, il fut obligé de recevoir le docteur Berisha chez lui et de donner devant lui l'ordre de relâcher immédiatement les étudiants arrêtés. Qui plus est, il dut prier le docteur Berisha d'user de toute son influence pour calmer les étudiants. Une telle demande était tout à fait contre nature pour cet "authentique dirigeant marxiste-léniniste", pour ce "collaborateur le plus proche d'Enver Hoxha pendant quarante ans", ce "continuateur de son œuvre" qu'était Ramiz Alia depuis cinq ans. Et lorsque le docteur Berisha lui répondit que les étudiants et tout le peuple ne se calmeraient qu'en voyant satisfaites leurs revendications de liberté et de démocratie, il n'eut pas le courage de déclarer que ces revendications étaient le fait d'ennemis de classe, constituaient un danger pour la patrie, étaient provoquées par l'étranger, etc. Il continua simplement à supplier. Il ne lui fallait pas d'autres preuves pour se rendre compte qu'il était en terrain glissant. Sa reddition devant Sali Berisha, simple professeur de la faculté de médecine ("use de toute ton influence"...), alla encore plus loin au cours de cette brève entrevue : il le pria de convaincre les étudiants de s'asseoir à une table de négociation avec lui. Il était prêt à recevoir une délégation élargie, autant de personnes qu'ils voudraient, où ils voudraient, dès le lendemain.

Le docteur Berisha sortit le visage radieux du "Bloc", comme on appelle le quartier où vivent les membres du Bureau politique. Je l'attendais devant le comité de parti de Tirana. Comme il n'a jamais su dissimuler ses émotions, je compris de loin qu'il était parvenu à ses fins : faire libérer les étudiants emprisonnés. Je ne pensais à rien d'autre. Je me sentais très fatigué, un peu nerveux car j'avais épuisé ma provision de cigarettes. Je n'avais pas mangé, mais je n'avais pas faim.

— Notre rôle est terminé, lui dis-je, convaincu de ce que je disais. Nous en avions fait beaucoup plus que nous n'avions promis aux étudiants.

Le docteur me jeta un regard surpris, comme à chaque fois qu'il entend une opinion qui lui paraît déplacée, et me répondit :

— Non ! On retourne à la Cité universitaire. Notre tâche commence maintenant. Les étudiants sont sur le pied de guerre et ils peuvent accomplir des miracles. Il ne faut pas que l'Albanie laisse passer cette chance !

Je considérerai toujours cette réponse comme historique. Je ne suis pas en mesure d'imaginer quelle portée aurait eue la victoire des étudiants s'il s'était rangé à mon point de vue, mais, comme je le vis par la suite, il joua un rôle irremplaçable dans le développement direct des événements. Il avait estimé la situation en grand politique.

Si je le suivis, c'est simplement parce que je n'agissais jamais autrement, parce qu'il avait un ascendant moral puissant sur moi depuis des années, depuis que nous étions devenus amis. Et, je le redis, moi-même, je ne voyais pas que ce week-end était le dernier d'une des dictatures les plus sanglantes qu'ait connues un pays européen au cours du XXe siècle.

LA FLEUR QUI ÉCLÔT EN HIVER

Sur tout ce qui s'était passé pendant deux jours à la Cité universitaire, la radio et la télévision albanaises diffusèrent le communiqué suivant dans leur dernier bulletin du dimanche :

DÉSORDRES À LA CITÉ UNIVERSITAIRE

"Hier soir, à la suite d'une panne d'électricité, deux dortoirs de la Cité universitaire ont été privés de lumière pendant plusieurs heures. Quelques étudiants, mécontents de cette situation qui ne se produisait pas pour la première fois, ont protesté, troublant l'ordre public.

"On pense que cette panne est due à une surcharge de la consommation causée par l'utilisation massive de radiateurs électriques, comme le chauffage central n'est pas complètement installé dans les nouveaux dortoirs construits cette année.

"Hier après-midi, quelques étudiants ont tenté d'exploiter ce mécontentement à des fins politiques. Ils ont provoqué les forces de l'ordre et sont sortis de la légalité. Dans ces conditions, les forces de l'ordre ont été contraintes d'intervenir pour les disperser.

"Le ministre de l'Education, le recteur de l'université, etc., étaient présents pour discuter avec les étudiants. Dans l'intervalle, nous apprenons que le gouvernement a chargé une commission spéciale de découvrir les causes de la panne et de prendre des mesures pour régler la situation afin de satisfaire les revendications des étudiants."

Tel était le texte complet du communiqué signé de l'Agence télégraphique albanaise (ATA) qui fut diffusé ce soir-là auprès de l'opinion publique intérieure et à l'étranger, et repris le lendemain par tous les quotidiens. Dans les journaux, ce communiqué côtoyait l'annonce du départ pour Cuba de Reis Malile, ministre des Affaires étrangères. A mon avis, ce voisinage n'avait rien de fortuit : dans la presse communiste, on ne fait rien qui n'ait un sens politique. Puisque – cela devait se vérifier deux jours plus tard – ce mouvement allait être présenté, conformément à la tradition, comme l'"œuvre" de la CIA et d'autres services secrets impérialistes, on pouvait réaffirmer les alliances. A son arrivée sur l'aéroport de La Havane, le ministre des Affaires étrangères albanais déclara : "Nous sommes venus en visite dans votre beau pays avec le désir d'approfondir et de renforcer les relations d'amitié qui existent entre Cuba et l'Albanie dans les domaines politique, économique, technico-scientifique, culturel, etc. J'exprime ici les sentiments de profonde sympathie que le peuple albanais nourrit envers le peuple cubain épris de liberté." Il devait faire la même déclaration quelques semaines plus tard à Pékin. Le triangle fantomatique Tirana / La Havane / Tian An Men, donc. Heureusement, une démonstration de ce genre n'impressionnait plus personne en Albanie. De telles "amitiés" n'étaient plus en mesure de prolonger la vie du régime : elles le rapprochaient même de sa fin. Fidel Castro et Deng Xiaoping étaient trop loin pour étendre leur ombre menaçante sur la place Skënderbeg. On pouvait voir la chute inéluctable de la dictature, non pas de jour en jour, mais d'heure en heure. Les dictatures sont de ces constructions qui ne sauraient tenir debout à moitié.

Cette chute s'était donc amorcée au cours de cet après-midi historique du dimanche 9 décembre, pendant que l'on composait le communiqué reproduit ci-dessus dans les bureaux de la direction de la presse du Comité central. Avant d'être signé par l'ATA, il devait être vu par Ramiz Alia en personne pour approbation définitive. Tous leurs efforts pour dissimuler la vérité, comme ce communiqué, ressemblaient à l'effort de l'autruche poursuivie qui croit se sauver en se cachant la tête sous le sable. Aux yeux de ceux qui détenaient le pouvoir au sommet de la pyramide, les mouvements étudiants du dimanche, mais aussi ceux du lundi et du mardi durent apparaître comme une "gaminerie" : ils avaient toujours eu pour habitude de sous-estimer le peuple, de le voir comme une foule aveugle qui ne sait que suivre la route tracée par le guide. Laissons-les jouer jusqu'au bout ce petit jeu dangereux pour eux ! Tel était leur raisonnement en concédant la légalisation du pluralisme. S'ils avaient pu envisager un tant soit peu ce qui allait se passer, ils auraient sûrement pris une tout autre décision. Même si la peur les rongeait chaque jour un peu plus, je persiste à croire, après mûre réflexion, que les gens qui maintenaient ce régime debout ne faisaient une telle concession que par excès d'assurance. La vérité, c'est que la peur n'en était pas encore venue à bout.

Les pauvres ! L'air conditionné de la salle du Bureau politique – leur tour d'ivoire ! – où ils avaient passé des dizaines d'années enfermés leur avait tourné la tête. Victimes de leur illusion d'invulnérabilité, ils avaient tellement changé, serais-je tenté de dire, qu'ils ne croyaient même plus les rapports du Sigurimi ; pourtant, ceux-ci avaient toujours été leur principal moyen de maintenir leur régime en force. Ou alors, ces rapports étaient faux, ce qui n'est pas totalement à exclure. Le devoir de la police secrète était "d'éviter d'inquiéter inutilement les camarades dirigeants" dont la plupart, si j'en juge par leurs aller et retour fréquents à Paris et à Vienne pour se faire soigner, ne jouissaient pas d'une santé parfaite. Il ressort même du rapport présenté quelques mois plus tard au Parlement par le ministère des Finances, au sujet de leurs dépenses abusives, que les problèmes de santé qui les amenaient à consulter à Paris ou à Vienne relevaient principalement du système nerveux.

Cependant, le 11 décembre, les "gamins" de la Cité universitaire – "nos fils qui sont dans l'erreur", comme devaient dire certains membres du Comité central au plenum du mardi 11 décembre – avaient pris très au sérieux le travail entrepris. Dès le dimanche soir, ils avaient mis en ordre les principales revendications politiques qu'ils voulaient exposer au président ; la plus importante était la légalisation du pluralisme. Ce dimanche, ils étaient tous surexcités, une excitation surtout provoquée par la peur. Des centaines d'étudiants avec lesquels nous avions discuté ce jour-là en petits groupes, chacun de notre côté, nous n'en avions vu aucun, à part Azem Hajdari, qui n'ait peur d'être reconnu. Tous répétaient avec la même anxiété : Ils nous ont filmés ! Pourquoi nous ont-ils filmés ?

Jusque-là, leur peur aurait été parfaitement justifiée. Elle ne découlait pas seulement de leur âge et de leur peu d'expérience des confrontations avec la police. Non. Leur peur prenait sa source dans ce qu'ils savaient de "l'historique" du Sigurimi. Celui-ci avait l'art de commencer le nettoyage au moment et de la manière qui lui convenaient le mieux. Ils redoutaient un massacre discret lorsque tout serait rentré dans l'ordre. Et ils avaient raison. N'avait-on pas parlé dans toute l'Albanie de centaines de personnes disparues sans bruit après les événements de juillet autour des ambassades ? Quand nous leur disions qu'on ne pouvait plus rien contre eux à présent, ils nous répliquaient :

— Alors, pourquoi nous ont-ils filmés ? A quoi servaient ces caméras cachées pendant notre manifestation ?

Lorsque le docteur Berisha tenta de les convaincre que c'était désormais la police qui avait peur d'eux, ils lui répliquèrent par une question montrant que leur audace n'avait pas encore atteint le seuil psychologique qui leur permettrait de se libérer de leur complexe d'infériorité envers le pouvoir :

— Alors, pourquoi nous ont-ils cognés, pourquoi nous ont-ils arrêtés ? Notre manifestation était pacifique...

Oui, vraiment, pourquoi faire intervenir la police, quand les étudiants eux-mêmes, après avoir occupé le terrain pendant plus de trois heures, avaient commencé à se lasser, et que pas mal d'entre eux, aux derniers rangs, étaient partis les uns après les autres ? Si les choses continuaient de la sorte, il semblait qu'il n'en resterait pas beaucoup. N'ayant jamais su expliquer par la logique normale les actions de la police albanaise, je ne pris guère la peine de donner une réponse à ces questions. Mais, par la suite, une personne qui s'était trouvée par hasard à ce moment-là près de l'officier de police dirigeant les opérations me raconta qu'elle avait entendu ce "responsable du maintien de l'ordre" dialoguer avec quelqu'un par radio. A mon avis, l'interlocuteur de ce policier devait être au moins le ministre de l'Intérieur, en raison même de sa compétence à prendre des décisions tranchées. Cette impression se renforça quand je lus une interview de Hekuran Isai, alors ministre de l'Intérieur, faite par Remzi Lani dans *Zëri i rinisë* du 3 juillet 1991. L'ex-ministre de l'Intérieur, membre du Bureau politique, longtemps considéré comme l'homme le plus proche de Ramiz Alia, y parle de toutes les phases délicates par lesquelles est passé le processus de démocratisation en Albanie au cours de l'année écoulée. Selon cette interview, Ramiz Alia a été mêlé à toutes ces affaires dans le mauvais sens. Seule la date du 9 décembre est "sortie" de l'esprit de l'interviewé.

En tout cas, je rapporte ici le dialogue complet, tel que je l'ai pris en note quand on me l'a raconté.

OFFICIER DE POLICE. – L'heure du match de football approche. Il y a de plus en plus de gens en haut de la rue Labinoti et en d'autres points de passage vers le stade, et nous n'avons pas la force de les contenir. On a débité plus de vingt mille billets. Mais les manifestants ne bougent pas. Que faisons-nous ?

VOIX À LA RADIO. – Donnez-leur encore une fois l'ordre de se disperser avec le haut-parleur.

L'officier de police exécute les directives de son chef, même s'il est persuadé que cela ne changera pas grand-chose. Il précise que la patrie est en danger et que la foule ne doit pas devenir la proie des malfaiteurs qui veulent détruire le pouvoir populaire. Puis il se retire à nouveau sur le trottoir pour prendre les dernières nouvelles de Zeus. (Pour leur laisser un délai de dix minutes, selon la directive sur laquelle il se base.)

OFFICIER DE POLICE. – Ça ne sert à rien. Et le temps presse !

VOIX À LA RADIO. – Agissez, mais rapidement. Et ne frappez que sur les épaules et plus bas. Jamais à la tête !

Tout cet épisode est parfaitement plausible. L'événement le plus important le dimanche à Tirana était d'habitude le match de football. C'était encore plus vrai ce dimanche-là où s'opposaient les deux principales équipes de la capitale : *Dinamo* et *Partizan*. *Dinamo* a beau être l'équipe du ministère de l'Intérieur et *Partizan* celle du ministère de la Défense, le nombre de billets vendus montre qu'ils avaient beaucoup de supporters constituant la frange la plus "exaltée" de la jeunesse de la capitale. La police savait parfaitement qu'ils n'hésiteraient pas à sacrifier le plaisir de ce match pour rejoindre la troupe héroïque des étudiants. Alors...

Mais les étudiants savaient aussi que seuls, ils n'iraient pas bien loin. Lorsque nous le rencontrâmes, ce jour-là, le docteur Berisha et moi, un des premiers mots d'Azem Hajdari fut :

— Les habitants de Tirana nous ont laissés tomber. Ah, si nous étions à Shkodra...

Les habitants de Tirana étaient certainement avec eux en esprit, comme ils le prouvèrent dès le lendemain. Cet après-midi-là, personne ne parlait de rien d'autre à Tirana. Mais on peut comprendre que la torpeur de quarante-cinq ans de dictature ne se rejette pas d'un haussement d'épaules. D'habitude, le samedi et le dimanche soir, à Tirana, le grand boulevard des Martyrs-de-la-Nation et la place Skënderbeg sont noirs de monde. Je ne sais à quand remonte cette tradition dans notre capitale, mais je l'ai toujours connue. Ce 9 décembre au soir surtout, il y avait une affluence rare. Le bruit courait à présent ouvertement qu'à huit heures, les étudiants allaient descendre sur la place. Les étudiants voulaient y descendre, puisque les habitants de Tirana ne montaient pas à leur Cité. Sans doute la police était-elle bien informée, et il lui suffisait d'un peu d'imagination pour savoir ce qui allait se passer. Elle avait donc pris nombre de mesures énergiques pour empêcher cela. Alors que nous repartions voir Azem Hajdari et ses amis, après la rencontre du docteur Berisha avec Ramiz Alia, nous vîmes le cordon serré formé par la police et l'armée autour de la Cité universitaire. Tous étaient armés jusqu'aux dents. Ils montraient une détermination inhabituelle, surtout les policiers. Mais même parmi les soldats, on en avait pris qui seraient plus aptes que ceux du matin à accomplir leur tâche. Durant les allées et venues dans les bureaux pour faire libérer les étudiants arrêtés, nous avions discuté avec quelques hauts fonctionnaires, parmi lesquels le vice-ministre de l'Intérieur lui-même. Et nous avions vu que tous étaient décidés à faire un massacre, sans hésiter, si les étudiants refusaient de céder. Aussi le docteur Berisha insistait-il pour que la manifestation prévue à huit heures n'ait pas lieu. Et j'étais d'accord avec lui. Commencer par un massacre risquait de créer une tension non seulement à Tirana, mais dans tout le pays, avec des conséquences peut-être définitives pour l'avenir de la démocratie dont nous rêvions. En effet, cela ôterait tout courage aux gens, en mettant fin à ce qu'ils espéraient : voir le moment venu de sonner le glas de la dictature.

L'espoir serait mort non seulement pour les étudiants, dont l'énergie serait vite retombée s'ils étaient restés isolés, mais aussi pour le peuple qui allait se joindre à eux dès le lendemain. Les premiers, comme on le conçoit, allaient être les étudiants originaires de Tirana, qui n'avaient pas pu échapper à l'autorité de leurs parents les deux jours précédents et avaient laissé le champ libre à leurs camarades internes. Derrière eux, sur la place qui allait, deux semaines plus tard, prendre le nom de "Démocratie", la place qui s'ouvrait devant le restaurant universitaire, on vit monter les jeunes travailleurs, aussitôt suivis de toutes les couches de la population de la capitale. Je dis "monter", car la Cité universitaire se dresse sur une colline à la périphérie sud-ouest de Tirana. A l'intérieur de son périmètre, il n'y a aucune maison d'habitation.

Ainsi, jusqu'aux environs de lundi midi, l'avalanche prit un élan irrésistible. A ce moment-là, je rencontrai par hasard Gramoz Pashko devant l'hôtel Dajti. Il me dit qu'il allait rejoindre les étudiants sans plus attendre. En effet, il s'y rendit l'après-midi même et ne les quitta qu'à la mi-juin 1991, lorsqu'il fut nommé vice-premier ministre du gouvernement de stabilisation nationale.

Le lundi après-midi 10 décembre, la vague de peur et même d'affolement était en grande partie passée. Les revendications que les délégations d'étudiants devaient présenter au président Alia avaient pris une forme pratiquement définitive. Je ne sais pas combien d'heures le docteur Berisha, ainsi qu'Azem Hajdari et ses amis, ont dormi cette nuit-là. On peut dire que depuis lundi midi, leur travail s'était bien allégé, mais qu'il était en même temps devenu bien plus complexe. Une bonne partie de l'intelligentsia de notre capitale se trouvait alors autour d'Azem Hajdari et de Sali Berisha ou se mêlait à la masse des étudiants et des travailleurs. Surtout les jeunes intellectuels. On put voir combien leur présence était nécessaire.

Pourtant, chez certaines de mes anciennes connaissances, des gens avec qui j'avais souvent discuté tout en guettant du coin de l'œil pour voir si personne ne nous écoutait, je décelai quelque chose d'inattendu ; j'en retirai un sentiment, léger mais amer, de tristesse, un sentiment qui allait s'amplifier dans les mois à venir. Il s'agit de leur goût pour les rôles de premier plan. Ils voulaient avant tout laisser leur marque personnelle sur l'histoire qui se développait si impétueusement sous nos yeux, une marque aussi apparente que possible, dépassant la contribution des autres.

Cette tendance les amenait parfois à compliquer outre mesure le travail urgent qu'accomplissait la commission dirigeant la manifestation, uniquement composée, à part nous, d'étudiants. Ils s'adressaient à ces derniers avec l'assurance de vrais stratèges, de personnes infaillibles. Puis, si leurs idées n'apparaissaient pas dans les documents que l'on composait, ils partaient bouder. Ils se promenaient dans les rues et sur les places de la Cité universitaire, à présent couvertes d'étudiants, de travailleurs, d'intellectuels, d'enfants, d'informateurs du Sigurimi, de policiers en civil, d'exaltés, de parents inquiets, de simples curieux. Puis ils improvisaient des discours devant ces gens, des discours dans lesquels, sous le couvert de démasquer la dictature, ils se tressaient des lauriers. Leurs discours commençaient habituellement par "nous" pour continuer par "je". Ensuite, reprenant fidèlement le style d'Enver Hoxha, ils promettaient sur un ton mélodramatique de ne ménager aucun effort dans l'intérêt de la démocratie albanaise. L'un d'entre eux sortit même son livret de Caisse d'épargne. L'agitant d'un air orgueilleux, il déclara qu'il offrait toutes ses économies à la démocratie naissante. Le peuple découvrait soudain en son sein tous ces "héros" qu'il avait eu le malheur de méconnaître. Leur zèle me rappela le mot d'Ernst Junger disant que même dans les guerres civiles, nombreux sont ceux qui convoitent des galons de général. Tant pis pour eux ! La fièvre du pouvoir les avait saisis trop tôt. Ces discours me déplaisaient tant que je refusais de prendre la parole, même à la demande des étudiants.

En tout cas, même si les orateurs faisaient étalage de mérites personnels inexistants, il faut admettre que ces discours jouaient à ce moment-là un rôle très utile, car ils contribuaient à maintenir intact l'enthousiasme des foules et à les délivrer un peu plus de la peur.

Quant au Parti du travail, il ne donnait pas vraiment l'impression qu'il redoutait de perdre son rôle dominant. Le mardi matin, *Zëri i popullit*, organe de ce parti et jusque-là le quotidien le plus important du pays, publia un nouvel article émanant de l'ATA dont voici le texte complet.

LA SITUATION A L'UNIVERSITÉ DE TIRANA

"L'agitation règne toujours à l'université de Tirana. Hier, la majorité des étudiants ne se sont pas présentés aux cours, mais se sont réunis au centre de l'internat à la Cité universitaire.

"Le but de la réunion, comme l'a appris le correspondant de l'Agence télégraphique albanaise, était de demander une entrevue au président du præsidium de l'Assemblée populaire, le camarade Ramiz Alia, pour lui faire part des problèmes et des inquiétudes des étudiants.

"De même, on a appris que le camarade Ramiz Alia avait accepté la demande d'entrevue d'une délégation d'étudiants, tout en recommandant aux autres de suivre régulièrement leurs cours à l'université. Le camarade Skënder Gjinushi, ministre de l'Education, leur a fait part de cette information. Hier soir, la rencontre n'avait toujours pas eu lieu, car les étudiants n'avaient pas encore désigné leurs représentants."

Bien entendu, c'était aussi ce qu'on pouvait lire en fait d'information dans les autres journaux. Si l'on en juge par les journaux et les émissions de radio et de télévision, le régime n'avait aucune raison de s'inquiéter. Apparemment, l'état-major stalinien albanais croyait encore qu'il suffit de dissimuler la vérité pour la faire mourir. Cependant, certains faits laissaient penser qu'à défaut de panique, une certaine inquiétude se manifestait. Le premier indice, le plus significatif, mais que peu de gens remarquèrent dans une situation aussi tendue, fut que le nom d'Enver Hoxha, que portait l'université, n'était pas cité dans ce communiqué. Il ne pouvait en aucun cas s'agir d'un oubli fortuit. D'autre part, alors que Ramiz Alia lui-même appelait solennellement les étudiants à reprendre les cours, comme l'affirmait l'article de l'ATA, on envoyait un télégramme à tous les parents d'étudiants de province pour leur donner l'ordre de venir rechercher leurs enfants. Pour gagner du temps, on mettait gracieusement des autobus à leur disposition. Comme toujours, il y eut trop peu de parents pour désobéir à cet ordre du Parti. Mais cette fois, très rares furent les étudiants qui obéirent à leurs parents.

Le mardi matin, tandis que se déroulait le plenum du Comité central du Parti, les derniers autobus partirent pour les régions les plus éloignées du pays. A moitié vides. L'angoisse de ces hommes qui retournaient dans leur famille n'avait rien à voir avec l'affront que la désobéissance de leurs enfants infligeait à leur fierté paternelle. Non. Ils étaient anxieux parce qu'ils étaient conscients du danger qui menaçait leurs fils. La plupart d'entre eux ne se représentaient même pas ce que ceux-ci voulaient. Sans s'en rendre compte, la plupart d'entre eux avaient fini par perdre le sens de la véritable liberté. Comme des ours nés et grandis derrière les barreaux d'un zoo, ils étaient incapables de se représenter une vie sans contrainte. Leur visage prématurément vieilli, leur habillement tout à fait inadapté à la saison, tout comme l'état lamentable des autobus dans lesquels ils voyageaient (gratuitement !) montraient mieux que tout qu'ils auraient pu comprendre leurs enfants. Ils ignoraient les paroles prononcées par Jiang Qing, l'épouse de Mao Zedong, au moment où culminait l'amitié sino-albanaise : "La pauvreté et l'ignorance sont le fait de l'homme soumis. Le riche, lui, relève la tête." S'ils avaient su, nul doute qu'ils s'en seraient sentis sincèrement offensés. Ils étaient tellement habitués à leur pauvreté et à leur ignorance qu'ils ne s'en rendaient même plus compte. Ils savaient qu'il leur manquait des choses, et même de plus en plus ; mais, comme disait le Parti, "ce n'étaient que des difficultés de croissance". Ils croyaient donc à des lendemains meilleurs. Ils ne s'attachaient pas au lendemain que pour eux-mêmes. Il faut savoir prendre ce que la vie veut bien donner, entendait-on dire couramment, même chez les gens de quarante ans. C'était un autre aspect du défaitisme ancré chez les Albanais... Inch Allah et tant mieux pour les enfants ! S'ils s'attachaient au lendemain, c'était justement pour l'amour de leurs enfants. Mais de quoi serait fait le lendemain ? Il y a une douloureuse contradiction entre ces espoirs et la question que chacun d'entre eux avait nerveusement adressée à son fils ou à sa fille :

— Mais que veux-tu, enfin ? Qu'est-ce qui te manque ?

Et quand leur fils, leur fille leur avaient crânement répondu qu'ils voulaient tout, puisqu'ils manquaient de tout, ils avaient tous plus ou moins conclu par les mêmes mots :

— Vous êtes tombés sur la tête !

Ils étaient vraiment convaincus que leurs enfants ne vivaient pas si mal. Il n'y avait pas lieu de les plaindre, surtout si on comparait avec leur propre sort. A la cantine de la Cité universitaire, chacun avait droit à une petite tranche de viande deux fois par semaine, tandis que la plupart d'entre eux, dans leurs mornes villes du Nord ou du Sud, et à plus forte raison à la campagne, ne voyaient de viande sur la table qu'à l'occasion des fêtes nationales. Quant aux revendications de liberté et de démocratie, ils les comprenaient encore moins. La liberté, c'était quoi ? La démocratie, c'était quoi ? Est-ce qu'ils n'en jouissaient pas ? Et même souvent de plus que cela ? Trop de liberté ne fait que semer la pagaille chez les jeunes générations. Moi-même, j'ai eu l'occasion d'entendre mes parents me faire ce genre de remarque. Ils ont fait plusieurs fois le trajet de près de trois cents kilomètres qui sépare Tirana de ma ville natale où ils habitent – ce qui représente neuf heures de route – pour venir me donner des conseils. Autrement dit, pour me verser un peu d'eau froide sur la tête, puisque je ne tournais pas rond. Ils en sont repartis chaque fois plus fâchés de mon obstination. Cela m'ennuyait de les voir souffrir, mais je n'avais pas le choix. Leur dernière manifestation d'aigreur remonte au 1er avril 1991, le lendemain des premières élections pluralistes : on avait fini par apprendre que le Parti démocratique était battu, mais que j'avais été élu. Ma femme leur téléphona pour le leur annoncer.

— Ah, bon ! Qu'est-ce que tu veux que ça nous fasse qu'il soit élu ? lui répondit ma mère d'une voix glaciale, sans même demander comment j'allais.

Ma mère croyait certainement que le Parti du travail, qui allait garder les rênes du pouvoir, aurait tout comme avant la possibilité de me causer des ennuis. Au cours de la campagne électorale, quelqu'un l'avait suivie dans la rue. Sans même se nommer, il lui avait annoncé qu'après le 31 mars, on lui ramènerait son fils de Tirana, attaché par une chaîne comme un chien enragé, et qu'on le pendrait au beau milieu de la ville. Et qu'on la forcerait, elle, ma mère, à faire basculer l'escabeau. Si elle voulait aider un peu son fils, elle devait absolument voter pour le Parti du travail. Des menaces aussi monstrueuses laissent des traces profondes dans le cœur d'une mère.

Le pressentiment des graves malheurs qui attendaient leurs enfants expliquait aussi l'angoisse qui étreignait ces pères fatigués rentrant chez eux les mains vides. Ce pressentiment étouffait tout autre sentiment en eux. C'était l'instinct du parent menacé. A en juger par leur expérience vieille de quarante-cinq ans – et ils ne pouvaient juger autrement – non seulement leurs étudiants de fils étaient menacés, mais eux aussi. Et même leurs cousins jusqu'à la troisième génération. Toute la parenté de "l'ennemi du peuple" serait emprisonnée et envoyée en relégation. Telle était la loi n° 1 de la lutte des classes. L'inquiétude, la peur les assaillaient donc de toutes parts, au point de leur troubler sérieusement la raison ; c'est-à-dire de leur faire perdre tout espoir. Dans une société irréelle, les hommes eux-mêmes sont irréels, a dit quelque part Sartre.

Ainsi, ils avaient devant les yeux ces garçons et ces filles de vingt ans qui leur disaient qu'ils voulaient tout, puisqu'ils manquaient de tout. Ces garçons et ces filles voulaient enfin construire dans leur pays, qu'ils savaient petit, mais beau et riche, une société vraie, où même les gens deviendraient réels. Ils étaient tellement décidés à atteindre ce but que la mort elle-même ne pourrait les faire reculer. Ils attendaient donc avec impatience les résultats du plenum du Comité central du Parti du travail. Ceux-ci furent publiés au bulletin d'information de vingt heures à la radio et à la télévision.

— Hourra ! On a gagné ! hurla comme jamais on ne l'avait entendue toute la Cité universitaire. Il s'y trouvait probablement plus de cent mille personnes réunies.

Le pluralisme était devenu légal. Ce "désastre" dont Ramiz Alia nous avait dit seulement treize jours plus tôt qu'il ne se produirait jamais en Albanie s'était produit. "L'Albanie n'a rien à voir avec les pays de l'Est dont elle est séparée depuis 1961" : voilà ce qu'il avait juré devant les métallurgistes du combinat "l'Acier du Parti" d'Elbasan où il s'était rendu pour célébrer le quarante-sixième anniversaire de la victoire de la révolution socialiste.

Mais qu'allait-il se passer après cette ovation enthousiaste ? L'avenir apparaissait soudain avec tous ses points d'interrogation douloureux.

Pendant ce temps, c'est-à-dire vers vingt heures, le 11 décembre, Ramiz Alia commençait à discuter avec une délégation élue par les étudiants. C'était la troisième fois qu'il rencontrait les étudiants en quatre jours, mais la première fois que les moyens d'information publics ne cherchaient pas à le cacher. Quelques jeunes professeurs accompagnaient les étudiants : parmi eux, Arben Imami, acteur et professeur d'art dramatique à l'Institut supérieur des arts, qui devait faire partie des fondateurs du Parti démocratique qui naîtrait le soir même.

Tout Tirana attendait avec anxiété de savoir comment allait se passer cette entrevue qui était en quelque sorte devenue inutile, et même absurde, puisque la décision d'autoriser le pluralisme avait été prise quelques heures auparavant. Le Parti du travail s'était montré très habile. En décidant de rendre légale "la création d'organisations politiques indépendantes" – puisque c'était "dans l'intérêt de la démocratisation ultérieure de la vie du pays", disait le communiqué diffusé ensuite par le plenum du Comité central – il visait à montrer que conformément à ses déclarations, le processus de démocratisation de l'Albanie était son œuvre, et rien que son œuvre. La décision prise allait tout à fait en ce sens, car les étudiants n'avaient pas encore réussi à présenter des revendications de pluralisme politique clairement formulées devant le chef absolu de ce parti. Ils devaient le faire au cours de cette entrevue, maintenant que cette revendication avait perdu sa valeur primitive. Comme pour finir de briser leur élan, Ramiz Alia leur annonça dès le début de l'entrevue le résultat de la réunion du plenum de son parti.

Il ne restait plus désormais aux étudiants qu'à se plaindre auprès du président des rations insuffisantes qu'on leur servait à la cantine et du froid dans les dortoirs. Il leur promit qu'on ajouterait dès que possible du sucre dans le thé et qu'on leur donnerait à chacun une couverture de plus. Ainsi, toutes leurs revendications exceptionnelles visant à faire entrer l'histoire de l'Albanie dans une phase nouvelle tournaient au ridicule. Ramiz Alia ne se priva pas de dévaloriser encore un peu plus l'action des étudiants. Le message qu'il adressa le lendemain à l'ensemble du peuple albanais commençait par ces mots : “Hier soir, j'ai rencontré une large délégation des étudiants de l'université Enver Hoxha pour discuter des problèmes qui les inquiétaient.” Mais quels étaient réellement leurs problèmes et leurs inquiétudes ? Il ne s'agissait tout de même pas uniquement du niveau de vie insuffisant à la Cité universitaire ? Pourtant, la démagogie de ce parti était à présent tombée dans un tel discrédit que personne, ni en Albanie ni à l'extérieur, ne fut dupe de cette manœuvre. Tout le monde savait qui étaient les auteurs de ce prodige.

Les étudiants revinrent au bout de trois heures environ. Ils rapportaient une cassette de la conversation qu'ils avaient eue avec le président. Une foule innombrable attendait avec impatience de l'écouter. Au cours de la nuit et dans la journée, une pluie fine était tombée par intermittence. Seule la terrasse de la cantine où se tenaient les orateurs était éclairée – très faiblement, d'ailleurs. Ainsi noyés dans la boue et dans l'obscurité, les gens se sentaient plus à l'abri, plus libres de hurler à la chute de la dictature. Ce décor convenait parfaitement à un tel spectacle, où devaient s'exprimer à la fois tant d'amertume devant la tragédie qui prenait fin et tant de joie devant l'espoir qui venait de renaître en l'avenir.

— Ce jour va devenir pour le peuple albanais une de ses fêtes les plus insignes ! Ce sera le jour de la Démocratie ! proclama Sali Berisha.

Malgré ses efforts, sa voix n'était pas aussi tonnante que d'habitude. Elle s'était adoucie. Il était trop ému. Il avait du mal à retenir ses larmes.

Des centaines, des milliers d'autres gens pleuraient aussi. Ils se jetaient dans les bras les uns des autres en pleurant, surtout les plus âgés. Ils cherchaient le visage des étudiants dans l'obscurité, les embrassaient à tâtons et pleuraient. C'était peut-être la première fois qu'ils pleuraient de joie, de tout leur cœur.

— Nous avons gagné ! dit Azem Hajdari.

Il ne put aller plus loin. A présent, tout le monde savait que la victoire était là. Mais ces mots, prononcés par celui qui avait déclaré deux jours plus tôt qu'il serait le premier à mourir pour cette victoire, avaient encore plus de magie. Les gens ne voulaient pas que son discours aille plus loin. Ils voulaient seulement crier. Ils criaient fort, deux doigts levés en forme de V. Azem fit encore une intervention sans effet pour demander aux manifestants de ne pas lever les doigts ainsi, et de ne pas parler de "président Ramiz Alia", mais de "camarade Ramiz Alia".

Un peu plus tard, alors que nous nous dirigions vers le dortoir où allait être fondé le Parti démocratique, je lui demandai ce que signifiaient ces "recommandations" surprenantes. Ramiz Alia, m'expliqua-t-il, leur avait sèchement interdit de l'appeler "président", puisqu'il était leur "camarade". Le pauvre ! Il s'était senti atteint dans sa dignité de communiste. A propos du signe des doigts en forme de V, il avait pris un ton menaçant.

— Si je les revois, je vous les coupe ! avait-il dit.

Et Hajdari, qui avait commencé à raisonner en politicien depuis deux jours, avait pensé concéder cette petite joie au "cher dirigeant du peuple albanais". Mais il n'y était pas parvenu. Le peuple voulait à présent de nouveaux dirigeants, ceux qui le comprenaient, qui l'aimaient et ne laisseraient jamais violer la démocratie.

Nous montâmes dans le hall du deuxième étage du dortoir le plus proche de la future "place de la Démocratie". Plusieurs étudiants se postèrent sur les escaliers qui menaient aux étages supérieurs et inférieurs pour éviter qu'on ne nous dérange. Nous étions peu nombreux : Sali Berisha, Azem Hajdari, Gramoz Pashko, Arben Imami, Elsa Ballauri ; deux diplômés de l'université qui s'étaient distingués ce jour-là, mais que je n'ai pas revus par la suite et dont je n'ai pas retenu le nom ; et enfin moi.

Dehors, le corps à cent mille têtes de la foule écoutait les haut-parleurs : ils entendirent annoncer à Ramiz Alia qu'un parti des étudiants et des jeunes intellectuels allait se créer. Le président approuvait aussitôt. Sur la photo de l'entrevue publiée le lendemain dans toute la presse, son sourire protecteur montre clairement le peu d'estime qu'il a pour son interlocuteur. Il était le seul politicien professionnel de toute la salle, le seul à comprendre qu'un tel parti n'avait aucun avenir. Restant confiné à la Cité universitaire, il ne présenterait aucun danger pour le pouvoir communiste. Par ce sourire protecteur, le "camarade Ramiz" n'exprimait pas seulement le jugement qu'il portait sur cette tentative de créer un parti.

Le paquet de garçons et de filles qu'il avait devant lui semblait faire renaître sa parfaite assurance de père de la nation. Il ne laissa pour ainsi dire pas les étudiants placer un mot ; il se contenta de leur donner des conseils sur ce qu'il fallait entendre par démocratie. Il exerça même son ironie aux dépens de l'un de ces jeunes, qui osait lui dire que leurs aspirations étaient claires pour eux et qu'ils savaient comment les réaliser. Malgré ses quarante-six ans de carrière politique, il commit une grossière erreur au cours de cette discussion. Il n'avait pas calculé l'effet désastreux de sa conduite vis-à-vis du peuple qui suivrait le résumé de la discussion à la télévision.

Pendant ce temps, dans le couloir étroit du dortoir, nous discutions de ce que devait être l'organisation que nous étions sur le point de créer. Cela n'avait aucun sens de la limiter aux étudiants et aux jeunes intellectuels, c'était certain. Sali Berisha dit aussi qu'il ne fallait en aucun cas l'appeler "parti".

— "Parti" appartient au vocabulaire auquel le peuple est devenu allergique, expliqua-t-il.

Il avait raison. Depuis la veille, beaucoup de gens nous demandaient de ne pas prendre le nom de "parti".

Cependant, il y avait aussi une foule de gens que le mot "parti" rassurait. Ils avaient pris l'habitude d'être dirigés par un parti, et toute autre appellation de cette nouvelle organisation leur aurait donné l'impression d'avoir affaire à une association, c'est-à-dire quelque chose de pas très sérieux. Les associations de la période communiste étaient purement formelles, sans aucune influence sur la vie sociale ; le peuple aurait du mal à se défaire de cette impression. Seul un parti pouvait constituer l'opposition à un autre parti.

Il nous fallut tenir tous ces raisonnements en quelques minutes. Azem Hajdari ne parvenait pas à cacher sa fatigue. Il était assis sur les marches qui menaient au troisième étage. Il portait le blouson noir qu'on lui avait vu tous ces jours ; mais il avait ajouté une cravate. C'était, m'avait-il dit, la première fois de sa vie qu'il en mettait une, et cela le changeait d'allure. S'il s'était trouvé là, Kujtim Çashku aurait sûrement dit une fois de plus qu'il avait embelli !

— Qu'est-ce que tu en dis ? lui demanda Gramoz Pashko quand il fallut décider du nom du parti.

— Faites comme vous voudrez, répondit-il d'une voix presque éteinte. Je suis pour.

Gramoz Pashko voulut que le nom du parti soit inscrit avec son propre stylo.

— Que j'aie au moins un objet précieux ! dit-il en riant.

Nous ne savions absolument pas comment on construit un parti, encore moins lorsque celui-ci doit affronter un parti qui a enfoncé ses serres dans toutes les cellules de la société albanaise. Mais nous savions que la fenêtre de l'Albanie s'ouvrait enfin, qu'en s'ouvrant elle faisait entrer de l'air frais. Le lendemain, Ismaïl Kadaré allait, par l'intermédiaire de la radio *la Voix de l'Amérique*, adresser de Paris un salut enthousiaste à son peuple. C'était aussi son premier message après la déclaration où il demandait l'asile politique. “La fleur a éclos en hiver”, devait-il déclarer.

La saison hivernale en était vraiment à ses débuts. Serait-elle assez rude pour faire faner la fleur ?

VOX POPULI, VOX DEI

Les piédestaux vides, ou la seconde mort du trinome Lénine – Staline – Enver

– memento mori –

I

Staline n'était ni un tyran ni un despote. C'était un homme de principes, droit, honnête, qui nous est cher.

ENVER HOXHA, *Avec Staline* (1979).

D'abord expulsé de son village natal comme s'il était le diable en personne, ce saint géorgien en uniforme de généralissime fut aussi chassé à coups de fouet de la vaste patrie dont il avait fait un temple de l'harmonie entre les peuples. L'ensemble de la famille socialiste qui tenait alors la moitié de l'Europe le chassa aussi, comme s'il n'en était pas le père, mais le mauvais génie. Il vint passer son éternité dans ce coin des Balkans qu'on nomme l'Albanie. Habitué à parcourir les steppes infinies, il dut se sentir à l'étroit sur cette bande littorale de 29 000 km² seulement, dont deux tiers de montagnes. Il n'avait pas eu à s'exiler dans sa jeunesse comme Lénine. Lui, son tour vint après la mort. La Suisse, où Lénine avait séjourné, était à peine plus grande que l'Albanie où il s'installa. Mais l'Albanie jouissait d'un chaud soleil presque à longueur d'année et d'une côte bordée de plages sablonneuses ou de criques magnifiques, ce que n'avait pas la Suisse. Elle était voisine des Slaves du Sud, et surtout des Serbes qui n'ont jamais pu oublier les leçons de Staline, quoi qu'on en dise. Il connaissait mieux que quiconque l'âme slave.

Sinon, il n'aurait pu parvenir à faire ce qu'il avait fait. D'autre part, les Albanais ne ressemblaient pas aux Suisses chez qui Lénine avait vécu. N'ayant pas connu de guerre depuis des siècles, les Suisses ne pouvaient comprendre le langage de Lénine. Au contraire, les Albanais ne savaient pas vivre sans se battre. Rien ne les fascinait plus que les armes. A l'inverse des autres peuples, ils allaient à la guerre en chantant, comme s'ils se rendaient à une joyeuse fête. Pendant la dernière guerre, ils avaient été le seul peuple d'Europe à se libérer seul du fascisme. Ni l'Armée rouge, ni les armées anglo-américaines n'avaient pénétré chez eux.

Staline n'avait jamais compris ce qui liait si fort ce peuple au communisme. Jamais son armée n'était venue remplacer chez lui le drapeau hitlérien à croix gammée par le drapeau rouge orné d'une faucille et d'un marteau, comme elle l'avait fait en Yougoslavie, en Bulgarie, en Pologne, en Tchécoslovaquie, en Hongrie, en Allemagne. Enver Hoxha, qui avait pris en main le sort de ce pays, déclarait avec la plus grande fierté : "Toute l'œuvre de notre Parti de sa fondation à nos jours démontre son attachement, son respect et sa fidélité envers la doctrine des grands classiques, envers les idées de Joseph Staline. Il en sera ainsi au fil des générations." Pourtant, il n'avait pas fait ses études à Moscou. Il avait suivi les cours du Lycée français dans son pays, puis était parti faire ses études supérieures en France. Pour Staline, la victoire du communisme en Albanie était vraiment quelque chose d'inexplicable. Il avait néanmoins compris qu'il lui faudrait garder cette énigme enfouie dans son cerveau. Devant les Albanais, il s'agissait de tenir un autre discours. Il saurait leur parler de manière qu'ils continuent à l'acclamer au fil des générations. Dans ce pays étonnant, il disposait de hérauts pour clamer ses idées haut et fort. Jusqu'à sa mort en avril 1985, Enver Hoxha, puis son fidèle successeur Ramiz Alia ne cessèrent de rappeler que personne n'avait imposé le communisme à l'Albanie. Il y avait triomphé de lui-même, car c'était le seul moyen de réaliser les aspirations les plus sacrées de ce peuple à la liberté, à l'indépendance et à la dignité nationale. Notre peuple se devait donc d'honorer ce symbole du communisme authentique que la réaction mondiale tentait nuit et jour de couvrir de boue : STALINE.

Bien sûr, tout commençait par des déclarations. Dès novembre 1960, Enver Hoxha et Ramiz Alia, à la tête d'une délégation du Parti du travail d'Albanie venue à Moscou pour la réunion des quatre-vingt-un pays communistes, clamèrent tous deux au monde entier que l'attitude envers Staline était la ligne de démarcation qui séparait les véritables communistes de ceux qui avaient trahi. Rien qu'en réunissant toutes leurs déclarations de novembre 1960 à novembre 1990, on obtiendrait sûrement un volume de mille pages.

Mais les déclarations ne suffisaient pas à apaiser l'âme inquiète de Staline, à présent inhumé comme tout le monde puisque son corps embaumé avait été retiré du mausolée de la place Rouge. Le seul moyen d'apaiser son âme était de maintenir son œuvre en vie. Pour mieux le consoler, même si son œuvre ne survivait que dans un petit pays comme l'Albanie, Enver Hoxha formula sa thèse, considérée comme un enrichissement de la théorie marxiste-léniniste, selon laquelle la révolution socialiste progresse en zigzag. L'importance d'un pays dans le concert mondial ne se mesure ni à sa superficie ni au chiffre de sa population, pas plus qu'à son potentiel économique et militaire, mais à l'exemple qu'il donne aux autres peuples par le biais de la société qu'il édifie. C'est pourquoi l'Albanie, en continuant à bâtir une société purement stalinienne, donnait justement au monde la leçon dont il avait besoin. Cette seconde thèse était une ruse conçue par Enver Hoxha pour toucher le peuple albanais dans son vieux rêve d'affirmation nationale, pour l'attirer aveuglément dans le jeu sanglant de son pouvoir personnel. On peut affirmer sans crainte de se tromper que Staline en personne, s'il s'était trouvé à la tête de l'Etat albanais au cours de cette période, n'aurait pas su mettre plus fidèlement en pratique les principes de sa propre théorie : construire une politique intérieure qui prenne appui sur la discorde totale du peuple en développant une lutte des classes inflexible, et instaurer l'égalité économique entre les gens – à l'exception de la nomenklatura. Mais pas l'égalité dans l'abondance, l'égalité dans la pauvreté totale, par le biais d'une économie centralisée qui faisait disparaître toute forme, même embryonnaire, d'économie privée.

Pour compléter le tableau, il faut des symboles. En 1950, une des villes albanaises où le mouvement ouvrier avait ses traditions les plus anciennes, Kuçova, centre d'une région riche en naphte, fut rebaptisée *Qyteti Stalin* ("Staline-ville") à l'occasion du soixante-dixième anniversaire de la naissance du dirigeant soviétique. Même si ce Stalingrad albanais ne comptait pas parmi les plus petits bourgs d'Albanie, il en fallait davantage pour élever le noble souvenir d'un BIG BROTHER – déjà orphelin – à la hauteur méritée et pour lui exprimer pleinement la reconnaissance éternelle à laquelle il avait droit. De plus, en honorant Staline de la sorte, l'Albanie socialiste lançait un vigoureux défi à toute la réaction mondiale et prodiguait à tous les authentiques marxistes-léninistes du monde l'encouragement dont ils avaient besoin, eux qui devaient se sentir le cœur meurtri d'avoir vu restaurer le capitalisme dans les pays de l'ex-camp socialiste.

Ainsi, BIG BROTHER conquit rapidement toutes les villes d'Albanie. Ou plutôt, pour user d'une expression albanaise, nous dirons que toutes les villes d'Albanie lui ouvrirent les bras en signe de bienvenue. L'accueil le plus grandiose lui fut bien entendu offert dans ce Tirana où le grand œuvre de la Révolution mondiale ne lui avait pas laissé le temps de mettre les pieds. On trouve à Tirana un boulevard, probablement l'un des plus beaux des capitales européennes, dédié aux "Martyrs de la Nation". Au début, dans les années trente, ce boulevard portait le nom du premier roi des Albanais, Ahmed Zogou. Après la prise de l'Albanie par l'armée fasciste italienne le 7 avril 1939, il fut rebaptisé *boulevard Mussolini*. Malheureusement pour Staline, le boulevard portait déjà le nom des *Martyrs de la Nation* lorsqu'il entra en scène au milieu des années cinquante. Les Albanais étaient encore trop attachés à leurs martyrs. Ils n'auraient guère apprécié de voir ce boulevard changer de nom, même pour prendre celui du Grand Maître. Pour ne blesser ni son Maître ni son Peuple, qu'il avait également gratifié du titre de maître infaillible, Enver Hoxha choisit un moyen terme. Il fit placer une statue géante de Staline à l'entrée du boulevard des Martyrs-de-la-Nation. Puis, comme Staline souffrait toujours cruellement d'avoir été séparé de Lénine lorsqu'on l'avait chassé du mausolée de Moscou, Enver s'empressa de faire de son mieux pour le consoler. Par un décret pompeux contresigné par le Bureau politique tout entier, il ordonna que l'on coule dans le bronze une statue du Génie de la Révolution, le premier à faire mettre en œuvre par le prolétariat la théorie de Marx et d'Engels… Il fallait évidemment au fils Oulianov une statue de la même taille que celle du Géorgien. Aucun des deux doctrinaires ne devait se sentir offensé par ce dernier rejeton à leur rester fidèle en Europe qui, pour leur bonheur ou leur malheur, avait accédé au pouvoir dans le coin le plus petit et le plus reculé des Balkans. Les deux monuments furent placés face à face, pour qu'ils puissent se regarder nuit et jour dans le blanc des yeux.

Même si Enver semblait ne faire aucune différence de taille entre les créateurs de l'Etat des soviets, Staline était beaucoup plus proche de son cœur. On aurait dit que Lénine ne s'était pas montré assez brutal avec les ennemis du peuple, peut-être parce qu'il avait fermé les yeux plus tôt. Ce n'était pas pour rien que la haine de la réaction mondiale se déversait sur son successeur. Il fallait donc que les authentiques révolutionnaires (c'est-à-dire NOUS) se montrent à la hauteur pour défendre leur idole. Le boulevard qui relie la place centrale à la gare est le deuxième de notre capitale par ordre d'importance. On y trouve les hôtels de tourisme, les immeubles où logent les diplomates, le palais de la Culture "Ali Kelmendi", palais de la Culture pour les travailleurs, théâtre de variétés et aussi théâtre préféré du public, le cirque, le siège des deux seuls quotidiens du pays, *Zëri i popullit* et *Bashkimi*, *Puna*, journal des Unions professionnelles (les seuls syndicats d'Albanie, auxquels sont obligatoirement affiliés tous les travailleurs et les fonctionnaires du pays), l'Agence télégraphique albanaise, la faculté de sciences naturelles de l'université de Tirana et le plus grand hôpital gynécologique d'Albanie. Ce boulevard, certainement l'un des lieux les plus animés de la capitale à toute heure du jour et de la nuit, prit le nom de *boulevard Staline* toujours par décision unanime du Bureau politique sur proposition directe du camarade Enver.

Tirana comptait aussi un combinat textile *Staline* qui employait près de cinq mille ouvriers. Une véritable ruine qui gangrenait depuis longtemps le budget de l'Etat, mais qu'il fallait à tout prix maintenir en vie à cause de son "importance politique". Cette importance lui venait du nom qu'il portait. A l'entrée se dressait une statue du Grand Frère d'une dimension extravagante. De même, pour éviter que les intellectuels n'échappent à son regard perçant, un buste imposant était planté devant l'Académie albanaise, un autre devant la Ligue des écrivains ainsi qu'un autre plus petit dans le hall de l'université. Mais celui du hall de l'université n'était pas seul. Ses amis de toujours lui tenaient compagnie : Marx, Engels et Lénine.

Néanmoins, on avait renoncé à dresser d'autres statues sur le boulevard des Martyrs-de-la-Nation. Les années passant, on ne savait plus qui, des martyrs de la nation albanaise ou de ces deux Slaves venus des confins de l'Eurasie, avait donné son nom à ce magnifique boulevard. Il y avait sûrement dans les rues ou les quartiers de la capitale d'autres bustes que je n'ai jamais eu l'occasion de voir. On trouvait partout de grandes affiches ornées du portrait de Staline, en placards plus serrés que les affiches publicitaires pour Coca-Cola ou pour des voitures dans le reste du monde. Quant à l'ambassade soviétique, elle avait été transformée en musée Lénine-Staline à la rupture des relations diplomatiques avec l'Union soviétique à l'automne 1961. On peut se faire une idée de la superficie de ce bâtiment, puisqu'il a hébergé pendant des années assez de personnel pour patronner toute la vie politique, économique et militaire de l'Albanie, ainsi qu'une bonne partie des services d'espionnage du KGB en Europe occidentale. Désormais, et même si l'on manquait un peu d'objets à montrer – à part une poignée de terre rapportée de Stalingrad par Enver – ce vaste lieu était devenu une exposition photographique permanente sur Lénine et Staline. Sur Staline, surtout. Pour le Parti du travail, Lénine représentait l'expérience de l'accomplissement de la révolution. Le PTA (autrement dit Enver Hoxha) n'avait plus besoin de cette expérience, puisqu'il tenait désormais les rênes du pouvoir. En ce sens, Lénine était vraiment devenu une pièce de musée. On ne le citait pratiquement jamais dans les discours officiels. Staline, au contraire, représentait l'expérience de l'exercice de ce pouvoir. On voit donc parfaitement pourquoi il occupait la place sacrée de père spirituel des dirigeants de la nation albanaise.

L'exemple de Tirana s'était répandu dans les vingt-six districts de l'Albanie. Chaque chef-lieu devait absolument posséder sa statue de Staline sur la place principale, une promenade et au moins une école, une entreprise et une coopérative agricole à son nom.

Après la construction des centrales hydroélectriques *Marx*, *Engels* et *Lénine*, on construisit la centrale *Staline* au milieu des années soixante.

Staline était l'auteur le plus étudié dans les écoles albanaises à tous les niveaux. Après Enver Hoxha, bien entendu. Et surtout à l'université. Pas seulement à la faculté des sciences politiques et juridiques et en sciences économiques, où l'on étudiait sa contribution exceptionnellement riche et originale en tant que philosophe, politologue, homme d'Etat et économiste. A la faculté où j'ai fait mes études de langue et de littérature, son ouvrage "scientifique", *le Marxisme et les questions de linguistique*, constituait la base de tous les enseignements.

A la veille de chaque anniversaire de sa naissance ou de sa mort, le secteur éducatif du Comité central du Parti du travail préparait un programme d'activités spéciales à développer dans tout le pays. Ce programme prévoyait des réunions commémoratives, des soirées littéraires, des conférences "scientifiques" sur le thème *l'Œuvre de J. V. Staline, toujours d'actualité*, la remise de décorations aux travailleurs les plus méritants et même la création de chansons nouvelles, si l'on voyait que l'on avait "épuisé" le répertoire existant à force de le diffuser à la radio et à la télévision. Dans ces circonstances, on précisait aussi quel compositeur, poète ou chanteur on honorait en les chargeant de cette tâche d'une importance politique particulière. Au cours de l'un des derniers festivals de chant à la radio-télévision albanaise, on prit le meilleur baryton du pays pour chanter *Staline vit parmi nous*. L'année 1979 fut proclamée "année de Staline" par décision du Bureau politique sur proposition d'Enver Hoxha. C'était le centième anniversaire de sa naissance. On publia un long programme d'activités destinées à se dérouler de janvier à décembre dans toute l'Albanie. Dans la mesure du possible, aucun citoyen albanais, de l'enfant ("pionnier") au vieillard ("vétéran"), ne devait rester en dehors de ces activités. Que le monde ignoble découvre comment nous sommes capables de célébrer le centenaire du "grand marxiste-léniniste, digne continuateur de l'œuvre de K. Marx, F. Engels, V. I. Lénine, dirigeant du Parti bolchevique, de l'Etat soviétique, du prolétariat international, grand ami et ferme soutien du peuple albanais et de l'Albanie socialiste", pour reprendre les termes de l'*Encyclopédie albanaise* publiée en 1985 à Tirana par l'Académie des sciences. Au cours de la même année, Enver Hoxha lui-même trouva le temps de rédiger et de faire publier en albanais, anglais, français, espagnol et russe son livre de souvenirs et de réflexions *Avec Staline*. Dans la foulée, le Bureau politique décida de rééditer les quatorze volumes des *Œuvres complètes* de Staline en albanais. Il décida aussi de faire traduire ses *Œuvres choisies* en anglais, français, espagnol, et de les publier en cinq volumes. Elles furent également publiées en russe. L'économie albanaise, qui courait d'autant plus vite à la catastrophe que l'aide chinoise venait de s'interrompre un an plus tôt, devait faire face à la traduction, à la publication et à la diffusion gratuite de ces œuvres dans le monde.

On peut affirmer sans risque d'erreur qu'aux yeux d'Enver Hoxha et de ses collaborateurs, Staline n'était pas seulement le philosophe auteur d'une doctrine idéologique et politique qui modelait toute la vie albanaise. Pour eux, Staline était devenu une véritable obsession. Cela se poursuivit après la mort d'Enver Hoxha le 11 avril 1985. En avril 1990, le gouvernement albanais (c'est-à-dire le Comité central du Parti du travail) omit pour la première fois d'ordonner que l'on commémore sa disparition. Il ne s'agissait évidemment pas d'un oubli. Les bouleversements de l'année écoulée dans les pays de l'Est, et surtout les événements de décembre en Roumanie, avaient réveillé la peur de mourir du régime dictatorial albanais. Quelques signes commençaient à montrer l'influence de ces bouleversements en Albanie. Cela s'exprimait par des assauts contre les effigies de Staline. Un dimanche de janvier 1990, un groupe de plusieurs centaines de jeunes de Shkodra avait tenté de renverser sa statue au centre de la ville. Ils étaient parvenus à lui passer une corde autour du cou, mais la police n'avait que trop bien assuré sa défense. On avait arrêté près de vingt personnes, parmi lesquelles un footballeur connu et un ex-prêtre qui venait de sortir de la prison où il avait passé plus de vingt ans. Si je dis "ex-prêtre", c'est que la religion n'était pas encore autorisée. Le prêtre fut libéré au bout de quelques jours, mais les autres furent tous condamnés à des peines de un à deux ans de prison. Le 21 mars 1990, Ismaïl Kadaré accorda une interview à Remzi Lani pour le journal *Zëri i rinisë*. Parlant de Gjon Buzuku, moine albanais du début du XVIe siècle, poète et surtout premier traducteur de la Bible en albanais, Kadaré le décrivit comme "une figure majeure de la civilisation albanaise, dont le buste mériterait d'être placé devant l'Académie albanaise". L'allusion était parfaitement claire pour tout le monde. On savait bien quel buste se trouvait devant l'Académie albanaise : celui de Staline. Un soir, moins de deux semaines après cette interview, une "main hostile" déposa une bombe artisanale au pied de la grande statue de Staline sur le boulevard des Martyrs-de-la-Nation. On avait choisi cette statue parce que c'était l'un des monuments les plus importants de la capitale albanaise, mais aussi parce qu'elle faisait face à l'hôtel Dajti, destiné aux seuls étrangers. Il fallait à tout prix attirer leur attention sur la gravité de la situation antidémocratique en Albanie. La statue était bien sûr assez solide pour résister à une bombe artisanale. L'effigie de Staline subit une blessure interne, de même que ceux qui tentaient à tout prix de garder son souvenir vivant. Cette blessure fut aggravée par une bombe similaire déposée en même temps dans la librairie *Flora*, une des bases les plus connues d'Enver Hoxha pendant la Deuxième Guerre mondiale, qui ne vendait plus désormais que ses livres et les classiques du marxisme-léninisme.

L'absence du programme habituel de commémoration de la mort de Staline en avril 1990 n'avait donc rien d'un oubli de la part des "camarades du Comité central". Ils espéraient obtenir, en le passant sous silence, ce qu'ils n'avaient pu obtenir en arrêtant des gens et en montant une garde discrète autour de sa statue. Mais cette rupture de la tradition impressionna les observateurs étrangers. Les agences de presse, en particulier, la commentèrent comme un signe : les dirigeants albanais commençaient à prendre leurs distances vis-à-vis du dictateur soviétique. Voilà précisément ce qu'il ne fallait pas dire. Ramiz Alia et ses collaborateurs furent affreusement troublés par ces commentaires qui mettaient en doute leur fidélité à la ligne du Parti, fixée une fois pour toutes par Enver Hoxha. Cette inquiétude ridicule était d'autant plus vive qu'elle s'ajoutait aux craintes que la période historique traversée par l'Albanie et le monde faisaient peser sur leur existence. A l'intérieur, l'erreur fut rectifiée au bout d'environ deux semaines. A l'occasion du 45e anniversaire de la victoire contre le fascisme, l'éditorial du quotidien du Parti *Zëri i popullit* du 9 mai trouva l'occasion de tresser à Staline ses lauriers habituels de salut des peuples et stratège du pouvoir populaire, et de lui réaffirmer l'engagement des communistes et de tout le peuple albanais de ne jamais trahir ses leçons édifiantes. On se demande qui les timoniers albanais voulaient apaiser en agissant ainsi.

Certainement pas le peuple. Cela ne fit que l'exciter davantage. Mais les dirigeants ignoraient encore ce que voulait dire, pour le peuple, être à bout de patience. Cela, ils allaient le comprendre au cours de la dernière semaine de décembre. Dans la panique, ils allaient s'empresser de rectifier les graves erreurs du passé, en espérant avoir encore le temps de s'adapter à la nouvelle situation, comme s'il s'agissait d'une représentation théâtrale où il suffit de changer de masque. Dans cette panique, le 20 décembre – c'est-à-dire neuf jours seulement après la victoire du pluralisme et la création du Parti démocratique –, alors que Tirana, mais aussi toute l'Albanie continuaient à occuper la rue, le Conseil général du Front démocratique d'Albanie se réunit pour approuver la demande de départ en retraite de sa présidente, Nexhmije Hoxha. Voici ce qu'elle leur déclara dans un discours prononcé à cette occasion : "C'est l'âge qui me pousse aujourd'hui à me retirer, car j'ai près de soixante-dix ans. Je renonce à mes attributions quotidiennes, mais ne me retire en aucune façon du front de la lutte que mène notre puissante organisation pour soutenir les initiatives et les décisions du Parti du travail de notre Etat et de toute la société pour démocratiser la vie du pays." Personne ne s'attendait à ce que le slogan "Enver – Hitler", d'abord lancé par les étudiants dès leurs premières manifestations, repris par des centaines de milliers d'autres personnes les jours suivants, ait une influence aussi rapide "là-haut". Adil Çarçani, alors toujours premier ministre, prit la place de la Veuve Inflexible ; mais sa personne et le gouvernement qu'il dirigeait venaient de recevoir une claque qu'il n'était pas près d'oublier. Le nommer à ce poste signifiait qu'on s'apprêtait à le faire passer au second plan de la scène politique. De même, tout le monde comprit que Nexhmije Hoxha n'aurait jamais demandé de son plein gré à se retirer. On n'eut donc aucune peine à saisir ce que sous-entendait son serment de "ne pas se retirer de la lutte". Elle tint promesse avec une fidélité scrupuleuse. Dans tous les troubles qu'allait traverser le pays dans les mois à venir, on ne devait jamais manquer de retrouver sa main occulte, trempée par les intrigues politiques de quarante ans de vie conjugale aux côtés d'Enver Hoxha.

Tous les journaux du lendemain publièrent en première page le discours apologétique de Mme Hoxha, ainsi que celui d'Adil Çarçani. Le Parti trouva encore l'occasion de présenter ce dernier comme l'un des disciples les plus fidèles et l'un des collaborateurs les plus sûrs du camarade Enver et du camarade Ramiz, alors que le peuple en était venu à le surnommer "Tao-Tao", du nom d'un ours, héros d'un dessin animé allemand qui passait alors à la télévision à Tirana.

Le 21 décembre 1990 coïncidait avec le cent onzième anniversaire de la naissance de Joseph Vissarionovitch Staline. Les deux éminents dirigeants du Parti du travail n'osèrent citer ni Staline ni Enver dont ils étaient pourtant, pour l'une, "l'épouse et la compagne de lutte la plus proche" et pour l'autre, l'un de ses disciples les plus zélés. Mais ni l'un ni l'autre ne manquèrent de porter aux nues le "camarade Ramiz Alia, initiateur et réalisateur" de la démocratisation en Albanie et d'appeler tout le peuple à avancer sous sa direction. A part le déplaisir personnel qu'ils pouvaient éprouver à se sentir écartés du pouvoir, tous deux savaient que la direction de Ramiz Alia n'était rien d'autre que celle d'Enver Hoxha. Et c'était plus qu'un réconfort pour eux.

Mais qu'allait devenir Staline ?

En fait, les gens ne prêtaient guère d'attention à ses statues. Ils se disaient que le moment était enfin venu de s'en prendre directement aux vivants. Faire définitivement basculer les vivants du piédestal où ils s'étaient eux-mêmes élevés ferait dégringoler une fois pour toutes l'ombre défigurée des morts. Au cours de meetings incessants, on exigeait que Ramiz Alia, Nexhmije Hoxha et tout le Bureau politique soient traduits en justice en tant que responsables de cette tragédie nationale qui avait duré un demi-siècle. Cependant, les "vivants" avaient encore la force de se maintenir en selle. Tandis que le directeur de la section des armes chimiques au ministère de la Défense partait précipitamment en Chine se procurer le gaz qui avait été utilisé contre les étudiants place Tian An Men en juin 1989, ils procédèrent à une nouvelle purge au sein de leurs propres rangs. Au plenum extraordinaire du 11 décembre, ils se débarrassèrent de cinq des membres du Bureau politique. C'est-à-dire d'un tiers de celui-ci. Mais cette fois, ce n'étaient pas les libéraux que l'on jetait à bas du lit de Procuste. Alors que cela ne s'était jamais produit auparavant, la foudre tombait sur ceux que brocardait tout le peuple, les dirigeants "issus de la classe ouvrière". Le 20 décembre, Nexhmije Hoxha fut mise à la retraite "sur sa propre demande" et l'on annonça à l'avance, toujours dans le plus pur style communiste, la destitution du premier ministre Adil Çarçani. Le 21 décembre, le Bureau politique et le gouvernement à sa suite décidèrent de faire retirer toutes les effigies de Staline.

DÉCRET DU CONSEIL DES MINISTRES DE LA RPA

"Sur proposition du Bureau politique du Comité central du PTA, et considérant que les conditions politiques ont changé depuis qu'ont été prises dans notre pays les décisions liées à l'hommage rendu à J. V. Staline, le Conseil des ministres a décidé :

"1. de retirer le nom de Staline et ses effigies des entreprises, installations ou institutions de l'Etat qui portent ce nom.

"2. En ce qui concerne les coopératives agricoles et les centres d'habitation qui portent le nom de J. V. Staline, la décision relève des habitants selon les lois en vigueur.

"Ce décret prend effet immédiatement.

Conseil des ministres,
Tirana, le 21.12.1990."

Comme on peut le voir dans le texte du communiqué qui fut diffusé, ils voulaient se défaire de toutes les pièces compromettantes, mais sans avoir l'intelligence d'adapter ces actes à la situation nouvelle. Aucune critique ne fut jamais émise en public contre les membres du Bureau politique destitués le 11 décembre. L'élimination de Nexhmije Hoxha fut déguisée en "retraite volontaire pour raison d'âge". Quant à Staline, lorsque l'on décida de faire disparaître ses effigies, on se contenta de déclarer que les conditions historiques avaient changé. A la télévision, le porte-parole du Parti expliqua que seul un lien conjoncturel nous avait unis à Staline. Ce lien conjoncturel n'avait même été maintenu que durant une courte période, à la fin des années quarante et au début des années cinquante : l'Albanie se trouvant alors en danger face à la Yougoslavie qui voulait en faire la septième république de sa fédération, Staline nous avait apporté son soutien. Ils étaient donc incapables de dire la vérité, même en partie. Si bien qu'ils s'agitaient en pure perte. "Là-haut", semble-t-il, on croyait que le peuple avait perdu la mémoire une fois pour toutes.

Même si "rien ne liait" les communistes albanais à Staline, "si ce n'est une politique conjoncturelle", la décision de retirer sa statue du centre de Tirana – du boulevard des Martyrs-de-la-Nation – fut tenue secrète jusqu'au lendemain 22 décembre. On craignait que les foules qui se trouvaient dans la rue à toute heure du jour ne se ruent sur le monument. Or les dirigeants souhaitaient enterrer eux-mêmes leur saint. La peur qu'ils éprouvaient pour leur personne l'emportait sûrement sur le regret de voir outrager le corps de bronze du malheureux camarade Staline. De même, Lénine qui se trouvait en face souffrirait inévitablement. Il souffrirait par la faute de son disciple. Et eux ne pouvaient supporter une défaite aussi profonde : perdre leurs deux pères spirituels en même temps. Il ne faut pas oublier, d'autre part, que le siège du Comité central du Parti du travail se trouvait environ cinq cents mètres plus loin. Les gens seraient au moins plusieurs centaines de milliers ; emportés par l'exaltation, ils n'hésiteraient pas à mettre le feu à ce bâtiment, honni par des milliers de cœurs navrés, d'où étaient sortis tous les ordres suscitant les malheurs qui avaient déferlé sur l'Albanie nouvelle. Le siège du Comité central du Parti du travail se dressait à l'entrée principale du quartier résidentiel, le BLOC, où se trouvaient, tapis dans des villas trop luxueuses, les auteurs de l'histoire de l'Albanie au cours du demi-siècle précédent. Il était évident qu'ils concentreraient sur eux toute la haine du peuple, haine attisée par les statues renversées et l'incendie du temple communiste. Même entourés d'un fort cordon de militaires armés de Kalachnikov, ils ne sauraient dans quel trou se fourrer. Ils n'avaient donc pas assez de cran pour offrir à Staline un ultime témoignage du profond attachement spirituel qu'ils lui portaient ; mais un fort instinct de survie les poussait aussi à consommer discrètement leur abandon définitif du Grand Frère. Ils auraient nettement préféré passer cette soirée comme ils étaient persuadés que Staline le méritait : en fêtant son anniversaire. Cette circonstance détestable augmentait encore leur remords devant l'acte que ce peuple profondément ingrat les forçait à accomplir. Une telle coïncidence ne faisait que les pousser à renier leurs convictions athées. N'était-ce pas par l'effet d'une vengeance divine sans merci qu'on choisissait le jour même de son anniversaire pour le saisir dans les câbles d'acier de la grue ? Il avait atteint cent onze ans. Ce chiffre à trois unités était en lui-même un signe faste. Dieu nous garde ! Papa Staline, nous ne faisons rien pour te sauver. Pardonne-nous notre impuissance ! Mon Dieu !… Papa Staline !… Mon Dieu !… Papa !… On aurait dit le rituel de ces derviches que la volonté de leur dieu ou de leur diable avait poussés, beaucoup plus que les prêtres orthodoxes et catholiques et les dignitaires des autres sectes de l'islam, à travailler au coude à coude avec le parti communiste avant même que celui-ci ne prenne le pouvoir.

Les "camarades du Comité central" auraient sûrement aimé pouvoir accompagner jusqu'au bout cette statue aux pieds de laquelle ils s'étaient prosternés pour lui rendre hommage tant de fois, faire au moins pour elle ce qu'ils avaient fait quelques mois plus tôt pour le buste qui se trouvait devant l'Académie albanaise. Quelques membres du Bureau politique avaient riposté agressivement dans leurs "rencontres" avec le peuple à l'assaut indirect que lui avait porté Ismaïl Kadaré dans son interview de *Zëri i rinisë* du 21 mars 1990. Cependant, peu de temps après, on remarqua que les "urbanistes" avaient prévu de faire passer une large artère à l'endroit précis où se dressait ce buste. Le bâtiment où se trouve actuellement l'Académie albanaise est l'ancien palais royal ; on peut donc voir quel genre de parc on comptait percer sauvagement pour "édifier" cette rue. Mais les "architectes" jugeaient cela nécessaire. Même si cette rue était tout à fait inutile. Après tout, ce parc aux arbres séculaires n'avait qu'à faire les frais des sacrifices qui se pratiquent dans les obsèques solennelles ! Cette rue allait sauver la face du Parti. Personne ne pourrait dire qu'un nabot d'écrivain avait dicté sa conduite au Parti et au camarade Ramiz. Le buste disparaissait parce qu'on devait percer cette rue... Peu après, le plan d'urbanisation de Shkodra fit aussi "émigrer" la copie de ce buste qui se trouvait dans cette ville. Ceux qui avaient cherché à le renverser en janvier de la même année étaient toujours considérés comme des délinquants politiques en juin, et même en décembre, après publication de la décision de faire disparaître les effigies de Staline. Ils purgeaient leur peine. Ils ne sortirent de prison, sous la pression acharnée du Parti démocratique, du Forum pour la défense des droits de l'homme et de l'ensemble de l'opinion publique, qu'à la fin de janvier 1991. C'est-à-dire après avoir passé une année entière au cachot.

Cette fois, il était trop tard pour faire entrer les urbanistes en scène. On commença à démonter la statue tard dans la soirée du 21 décembre, et cela prit toute la nuit. Ce fut une soirée obscure, avec une pluie glaciale. Une de ces soirées que Staline et ses disciples auraient aimé consacrer au massacre des "ennemis de classe". Le premier de mes amis à avoir vent de ce qui allait se passer fut Neshat Tozaj, qui se trouvait en fin d'après-midi dans le bureau de Hekuran Isai, ministre de l'Intérieur. Neshat ne put prévenir que Kujtim Çashku, qui avait le téléphone chez lui. Les "camarades du Comité central et du gouvernement" tenaient tant à garder le secret jusqu'au bout sur ce qu'ils entreprenaient qu'ils ne convoquèrent pas même un cameraman de la télévision. Seules quelques dizaines de curieux de passage se rassemblèrent. C'étaient surtout des étrangers qui logeaient à l'hôtel Dajti et avaient été attirés par le bruit des chalumeaux et des engins de levage. La pluie fine et glaciale, la lueur jaunâtre des projecteurs et les silhouettes déformées des gens en veston ou avec des sacs en plastique ramenés sur la tête pour se protéger tant bien que mal de la pluie donnaient à cette scène une allure surréaliste. Deux inspecteurs indispensables à la pièce étaient présents : le ministre de l'Intérieur, petit et assez gros, et le ministre de l'Equipement, long et maigre. Kujtim Çashku et Neshat Tozaj me dirent que les deux ministres n'avaient pas prononcé un mot. On aurait dit que le spectre terrifiant, qui avait parcouru une si longue route, des contrées par delà l'Oural, pour venir torturer ce malheureux petit peuple d'Europe, les avait saisis à la gorge.

Le lendemain, 22 décembre, voyant le piédestal vide, tout Tirana se demanda si Ramiz Alia aurait été en mesure de faire enlever cette statue sans avoir écarté Nexhmije Hoxha du pouvoir la veille. Comme Ramiz Alia avait renoncé à l'affrontement deux semaines plus tôt, au début des manifestations, les gens, plus par sensibilité que par logique, voulaient à tout prix le distinguer du reste de la direction et surtout de la Veuve Terrible. C'était l'occasion qu'ils attendaient pour lui faire expier tous ses péchés, à elle. Voyez : à peine cette sorcière à la retraite, le camarade Ramiz fait disparaître Staline de son trône. C'était elle qui l'en empêchait. Elle... Bien peu se demandaient comment elle aurait pu gêner Ramiz Alia, puisque celui-ci avait concentré toutes les rênes du pouvoir entre ses mains. Beaucoup commençaient à croire que Ramiz Alia, en tant que personne – et non en tant que dirigeant de son parti – allait aider la démocratie. Il continuerait à alléger la voie démocratique des obstacles sans nombre hérités du passé. Après l'élimination de la fraction la plus ignorante – c'est-à-dire la plus agressive – du Bureau politique, le retrait de Nexhmije Hoxha du jeu ouvert du pouvoir et la disparition des effigies de Staline, on s'attendait à ce qu'il s'en prenne immédiatement au Sigurimi. On savait que sans éliminer la police politique, le Sigurimi, la démocratie en Albanie ne pourrait véritablement suivre son cours. Son existence ôtait tout poids au départ en retraite de Mme Hoxha, autant qu'à la décision gouvernementale de purger le pays du nom et des effigies de Staline. Ces actions resteraient purement démagogiques tant que Staline et ses disciples albanais continueraient à naviguer dans les eaux troubles des "opérationnels", comme on appelait les officiers du Sigurimi. Que ce soit par aveuglement politique ou par conviction personnelle, Ramiz Alia ne sut mettre à profit cette ultime occasion de se réhabiliter un tant soit peu. Aussi la confiance des gens fondit-elle rapidement. La vérité, c'est qu'il en sortit perdant sur tous les tableaux. Lorsque la statue d'Enver Hoxha fut renversée quelques mois plus tard, le 20 février 1991, les premiers à s'en prendre à lui et à le menacer pour ne pas avoir défendu la statue du "Commandant" avec des tanks furent les agents du ministère de l'Intérieur.

Cependant, un simple décret ne suffit pas à déraciner Staline, comme cela aurait été le cas si Enver Hoxha en personne avait signé un tel décret. Le décret lui-même était d'ailleurs formulé en des termes diaboliques. Son deuxième point précisait que pour débaptiser les coopératives agricoles et les centres d'habitation, l'accord des habitants était nécessaire, selon les lois en vigueur. Le premier inconvénient était qu'il n'existait aucune loi de ce genre. La presse et les médias officiels entreprirent d'appeler Qyteti Stalin par son ancien nom : Kuçova. Beaucoup d'habitants de cette ville vécurent cela comme un drame personnel. Ils arguaient en vain de la clause de la décision gouvernementale pour exiger un référendum. Les fonctionnaires du gouvernement les écoutaient, leur donnaient raison en privé, mais ne changeaient pas de position dans leurs textes publics. A la place de Qyteti Stalin, on écrivait Kuçova. On n'avait pas pris la peine de faire un référendum. Le référendum, en tant que pratique légale, n'apparaissait d'ailleurs dans aucun document fondamental de l'Etat albanais. Aucune espèce de référendum. Mais cette position fausse de beaucoup d'habitants de Kuçova à la fin de décembre et au début de janvier venait d'une autre arrière-pensée diabolique de la haute administration albanaise. Au milieu de novembre 1991, c'est-à-dire onze mois après la parution de la décision gouvernementale que j'ai citée, alors qu'en beaucoup d'autres endroits d'Albanie, on avait déjà oublié quel nom Kuçova avait porté, le rédacteur en chef de *Zëri i popullit*, Përparim Xhixha, déclara au cours d'une longue réunion des membres et des sympathisants du Parti socialiste de cette ville :

— Les autres peuvent dire ce qu'ils veulent ! Pour nous, c'est Qyteti Stalin.

Avant cette déclaration, il avait expliqué en long et en large le processus de rénovation du

Parti socialiste, insistant sur le fait que ce parti n'avait rien à voir avec l'ancien Parti du travail. La belle rénovation !

Au départ, les coopératives agricoles s'étaient édifiées en Albanie sur la base de chaque village. Plus tard, suivant l'exemple des communes chinoises, elles étaient allées s'unissant jusqu'à parvenir, dans certains cas, à englober toute une région, avec des dizaines de villages. Comme on le sait, ce fut un échec total. A l'automne 1990, on se mit à les redécouper, pour leur redonner leur forme initiale, espérant ainsi éviter l'effondrement définitif. Cette opération se poursuivit après l'avènement du pluralisme. Les communistes au pouvoir ne prenaient pas encore au sérieux le programme du Parti démocratique qui prévoyait la privatisation future de tous les secteurs de l'économie. Ils répétaient les slogans selon lesquels l'économie agricole en Albanie n'avait aucun avenir hors du collectivisme, et lançaient d'incessants appels au renforcement des coopératives. Le journaliste Faruk Myrtaj publia dans *Zëri i rinisë* un reportage qui poussait autant à rire qu'à pleurer. Quelque part en Labëri, la coopérative J. V. Staline devait être découpée en plusieurs coopératives plus petites. La terre fut partagée sans querelle entre les paysans, selon les limites dont les plus âgés se souvenaient. Le bétail, les plantations, les outils furent partagés dans une entente parfaite. Mais la discorde surgit lorsqu'il fallut décider laquelle des petites coopératives conserverait le nom de la coopérative mère. Chacune le voulait pour elle. La cellule du Parti de chaque village insistait. Après des discussions longues et fatigantes, on trouva la solution : rien n'empêchait, bien au contraire, chacune des coopératives de s'appeler "J. V. Staline". Et l'histoire se serait terminée paisiblement s'il n'y avait eu au centre de la coopérative mère un buste de Staline. Qui allait le prendre ? Chaque village était persuadé qu'il lui revenait, et à lui seul. Comme le dialogue ne résolvait rien, les villageois se dressèrent de tous les côtés, avec fourches et faux, bien déterminés à se colleter avec tout le monde pour leur village. Et cela se produisait non au début des années cinquante, mais à la fin de 1990.

Comment ces paysans, et beaucoup d'autres citoyens albanais avec eux, qui avaient la photo de Staline à côté de celle d'Enver Hoxha jusque dans leur chambre à coucher, allaient-ils accueillir la nouvelle : le Parti "reniait" l'idole qu'il leur avait lui-même greffée dans le cœur ? Les Albanais ont toujours eu plus de mal à renverser les idoles, fussent-elles postiches, qu'à les édifier.

II

Des nuages noirs couvrent le monde,
O Lénine, notre maître !
Mais nous tenons dégainée l'épée
De la dictature du prolétariat.
Sache, là où tu es,
Que tu n'es pas mort et ne mourras jamais
Tant qu'il y aura des Albanais sur terre.
Enver Hoxha au regard d'aigle
Brandit ton drapeau,
Et répand le léninisme victorieux
Comme la lumière sur les peuples.

Chant du folklore albanais
de réalisme socialiste.

Lénine resta jusqu'au mois de juin 1991 sur son piédestal, comme un grand-père impotent et sourd-muet auquel ses petits-fils pensent de moins en moins souvent.

Le raz de marée de décembre, qui avait balayé Staline, ne l'avait même pas effleuré. Son nom n'avait même pas été prononcé au cours des meetings. On aurait dit qu'il n'avait aucun lien, ni avec son disciple géorgien, ni avec Enver Hoxha.

Le second raz de marée, celui qui balaya de la manière la plus radicale l'Homme-Dieu de ce pays, Enver Hoxha, le laissa encore tout à fait à l'écart. La foule de près de cent mille personnes qui descendit de la Cité universitaire à la place Skënderbeg le 20 février à midi passa à ses pieds. Mais personne n'eut l'idée de lui jeter un coup d'œil. Et encore moins de lui porter un coup de pioche.

Le troisième raz de marée, celui de mai, était moins dangereux pour lui, même s'il dura des semaines. Il était dirigé contre les vivants, cette fois. Les communistes, sortis vainqueurs des élections du 31 mars, avaient formé leur gouvernement présidé par Fatos Nano ; le Parti démocratique refusait d'en faire partie. L'opposition à ce gouvernement commença par la grève de la faim d'une centaine de mineurs de Valias occupant l'intérieur même de la mine, et gagna rapidement tout Tirana puis l'ensemble des villes importantes du pays : Durrës, Shkodra, Vlora, Korça. Des centaines de milliers de personnes, pratiquement tous des travailleurs, ceux-là mêmes en qui le Parti du travail prétendait voir ses troupes, exigeaient – allant jusqu'à menacer de se suicider – que le gouvernement qui incarnait "leur pouvoir" disparaisse de la scène. Et pourtant, curieusement, leur haine ne fut à aucun moment dirigée contre le fondateur de l'Etat des soviets. Ils obtinrent ce qu'ils voulaient au début de juin. Le gouvernement de stabilisation nationale fut créé ; le Parti démocratique en faisait partie, ainsi que d'autres partis d'opposition qui n'avaient pas obtenu de sièges au Parlement. Le Parti démocratique obtint un des postes de vice-premier ministre, auquel était lié le ministère de l'Economie, et six autres ministères, parmi lesquels celui de la Défense. Cette victoire apaisa un peu les foules. Mais les vacances approchaient ; en toute logique, les plages magnifiques de l'Adriatique et de la mer Ionienne devaient plus ou moins détourner l'attention des gens des meetings, des grèves et des manifestations. Lénine avait donc tout lieu de penser, selon la méthode qui était la sienne pour prévoir le développement ultérieur de l'histoire, qu'on ne s'en prendrait pas à lui avant quelques mois.

Pour quelle raison les foudres de la colère populaire ne s'étaient-elles jamais abattues sur

Lénine au cours de cette période de grands bouleversements ?

La raison fondamentale résidait sans doute dans l'attitude qu'Enver Hoxha et le Parti du travail avaient toujours eue envers Lénine. En sourdine, on laissait Lénine sombrer doucement dans l'oubli. Et ce n'était pas par hasard. Pour le clan communiste qui gouvernait l'Albanie, il représentait surtout le théoricien du pouvoir de la dictature du prolétariat, mais pas celui qui avait mis ce pouvoir en pratique, ou pas autant qu'il l'aurait fallu. Autrement dit, Lénine était essentiellement un philosophe, un homme qui évoluait dans le monde des idées, mais pas vraiment l'homme de l'action pratique. Pour contrebalancer ce jugement officieux, il ne lui suffisait pas d'avoir accompli la révolution d'Octobre. La thèse même de Lénine selon laquelle il est plus facile de prendre le pouvoir que de le garder poussait, semble-t-il, Enver Hoxha et ses collaborateurs à faire peser nettement la balance de la sympathie du côté de Staline. Comme pour se disculper, on arguait que Lénine était mort trop tôt et n'avait pas eu le temps de faire ses preuves comme constructeur d'un pouvoir conséquent des prolétaires. Lénine avait commis une autre faute, que la direction albanaise avait du mal à lui pardonner. Dans le testament qu'il avait laissé avant de mourir, il n'avait pas désigné Staline comme son successeur à la tête du Parti bolchevique. Non seulement il ne l'avait pas désigné, mais il avait même précisé que ce ne devait surtout pas être Staline, à cause de son caractère violent. Lénine ne voulait tout de même pas laisser à la tête du tout jeune pouvoir des travailleurs une poule mouillée, prête à céder à la moindre pression de la bourgeoisie internationale ? Malheureusement, ce document avait été publié en albanais à la fin des années cinquante, alors que le Parti du travail se trouvait encore, comme tous les partis communistes des pays du camp socialiste, sur la voie que le XXe congrès du PCUS de 1956 et le rapport secret de Khrouchtchev sur le culte de la personnalité de Staline avaient ouverte. En un mot, Lénine n'était pas de taille à servir de modèle à Enver Hoxha. Et l'on sait qu'en politique, le modèle ne sert pas qu'à prendre exemple : il sert plutôt à justifier la répétition de cet exemple. Le fait que Khrouchtchev et ses satellites ne s'en soient jamais pris à Lénine contribuait à persuader la direction albanaise qu'elle n'avait pas tort de faire une distinction entre Lénine et Staline. Au contraire : lorsque Gorbatchev parvint au pouvoir en Union soviétique, au milieu des années quatre-vingts, et qu'il se mit à fonder régulièrement les principes de sa perestroïka sur des citations de l'œuvre de Lénine, cela fournit la preuve, aux yeux de ceux qui détenaient le pouvoir en Albanie, qu'ils n'avaient pas tort de s'appuyer sur l'exemple de Staline.

En fait, durant l'année 1990, le nom de Lénine fut cité plusieurs fois au cours de plenums du Comité central du Parti du travail, à l'appui de quelques efforts très timides visant à libéraliser un peu l'économie ; grâce à ces efforts, ce parti espérait échapper à la peine capitale subie par ses confrères des autres pays de l'Est. Mais il était trop tard.

Ainsi Lénine, que les gens qui se promenaient sur le boulevard appelaient en riant "le pauvre", resta jusqu'à la fin, servant principalement à parachever le décor communiste. La raison pour laquelle cet élément du décor finit par être retiré fut la venue à Tirana du secrétaire d'Etat américain James Baker ; on pensa, dans la capitale albanaise, que ce personnage serait tout à fait sensible à la moindre trace du décor actuel. Je crois que cette idée avait subitement germé aussi bien dans la tête du président que dans celle de l'homme de la rue. Malgré une pénurie généralisée de papier, on trouva le moyen de fabriquer plus de cent mille drapeaux américains (et pour ainsi dire aucun drapeau albanais). Le responsable du gouvernement de stabilisation, Ylli Bufi – communiste (socialiste) –, craignant de ne pas maîtriser suffisamment le vocabulaire agréable à cet honorable ami venu de l'autre côté de l'océan, demanda à l'un des ministres du Parti démocratique de lui rédiger un discours de bienvenue qu'il prononcerait place Skënderbeg, en présence de près de trois cent mille personnes. On trouva du carton et de la toile pour fabriquer des milliers de pancartes et de banderoles portant des salutations en anglais, et quelques-unes, plus rares, en albanais.

Dans cette vague de préparatifs fiévreux pour accueillir le mieux possible le haut envoyé de la Maison-Blanche, un groupe de jeunes se souvint qu'il fallait aussi faire disparaître de la face de la terre le monument à Lénine. Il ne fallait rien laisser qui puisse blesser l'œil de ce magister venant de Washington enseigner aux Albanais la formule secrète, le sésame qui les rendrait riches en un instant. Au début, il ne se trouva pas plus de cent personnes pour se rendre au monument et lui passer la corde au cou. Mais, sans tarder, des centaines d'autres se rassemblèrent autour d'eux. Dans l'intervalle, la police arriva aussi. A la différence de ce qui s'était passé pour les autres statues, personne ne semblait déborder de colère. Les gens riaient de la maigre barbiche du Tonton Volodia, que les boulons, qui avaient près de quarante ans, tenaient bien fixé à son piédestal. Quelqu'un eut l'idée de placer un petit drapeau américain dans sa main droite au poing serré.

— C'est un souvenir que l'impérialisme lui offre avant de mourir, dit-il en riant, par une allusion ironique à l'une des œuvres principales de Lénine : *L'Impérialisme, stade suprême du capitalisme*. Dans cette œuvre écrite en 1916 – soit près de soixante-quinze ans auparavant – et considérée comme l'un des piliers de la littérature marxiste-léniniste, Lénine démontre que l'impérialisme est le stade le plus avancé du capitalisme, qui dénote son pourrissement et sa mort définitive, en créant les conditions de la révolution socialiste.

Les gens autour riaient. Retirer sa statue précisément pour faire plaisir à l'un des dirigeants les plus importants du capitalisme, cela sonnait comme une vengeance particulièrement cynique envers l'auteur qui avait envisagé de la sorte l'avenir du monde au cours du XXe siècle.

Cependant, le paquet de policiers restait à l'écart, souriant comme les autres, comme s'ils n'étaient venus que pour profiter du spectacle. Au bout d'un moment, ceux qui tiraient sur la corde passée autour du cou trapu de la statue se lassèrent et abandonnèrent. Ce qui les poussa à laisser tomber aussi vite était sûrement l'attitude indifférente de la police. Ils avaient l'habitude de voir renverser les statues des "illustres dirigeants du prolétariat" au cours d'une grande bagarre avec la police. Dans un contexte aussi paisible, au contraire, leur geste semblait perdre son sens.

Et ils se dispersèrent, suivis par la foule de curieux qui continuaient à médire, tout en riant, de celui que Maïakovski avait comparé au UN qui se place devant la multitude de zéros pour créer des millions.

Le soir même arrivèrent sur place des engins, sûrement envoyés par ordre "d'en haut", comme on disait autrefois pour les décisions importantes, et le piédestal de l'auteur de l'ouvrage *l'Etat et la Révolution* resta vide.

Le premier ministre Ylli Bufi et le ministre des Affaires étrangères Muhamet Kapllani, soulagés de ne plus s'appeler communistes depuis des semaines, depuis que leur parti avait abandonné ce nom pour se baptiser "socialiste", avaient les coudées franches : en passant sur le boulevard des Martyrs-de-la-Nation, ils pourraient montrer fièrement au chef de la diplomatie américaine la "preuve" du virage complet de l'Albanie vers la démocratie. Le piédestal vide de Staline, dont certaines des plaques de marbre qui le revêtaient avaient été arrachées, et celui de Lénine semblaient deux cénotaphes symboliques d'un temps qui ne pourrait jamais revenir.

Cependant, les journalistes et les photographes étrangers venus à Tirana pour l'occasion cherchaient obstinément où l'on avait entreposé les statues enlevées. Mais les autorités déclaraient qu'on les avait envoyées directement à la fonderie. Si une telle réponse avait été vraie, cela aurait voulu dire que les communistes albanais avaient définitivement perdu tout espoir de se maintenir au pouvoir. Mais, quelques semaines plus tard, le reporter photographe français Michel Setboun parvint à découvrir, dans un dépôt d'usine discret, non seulement la statue de Lénine, qui venait d'être enlevée, mais aussi celle de Staline, qui reposait là depuis près de huit mois.

Pourquoi les avait-on gardées ?

III

De même que la hauteur des montagnes
se voit mieux à l'horizon
quand on s'en éloigne,
de même les figures d'hommes éminents
comme Enver grandissent et gagnent
en majesté à mesure que le temps passe
depuis qu'ils nous ont quittés.

RAMIZ ALIA

Enver Hoxha ne fut pas embaumé après sa mort comme ses idoles, Lénine, Staline, Mao Zedong. En ces jours d'avril 1985, bien des gens, des quatre coins de l'Albanie, adressèrent au Comité central du Parti des télégrammes et des lettres touchantes pour demander que l'on préserve de la putréfaction le cadavre de l'Architecte de l'Albanie nouvelle, du plus grand homme qu'ait porté la terre albanaise au cours de son histoire, comme l'appelait Ramiz Alia.

— Nous voulons le voir nuit et jour parmi nous ! disaient-ils en dramatisant jusqu'à l'hystérie.

Mais Nexhmije, son épouse stoïque, qui avait pris la direction de l'ensemble du cérémonial grandiose de l'enterrement du "plus cher des fils du peuple", leur répondit à la télévision :

— La dernière volonté d'Enver est d'être inhumé au cimetière des Martyrs de la Nation, auprès de ceux qui ont partagé son idéal. Et de n'être pleuré que par les vieilles !

Au dernier moment, semble-t-il, le dictateur prit conscience de sa dimension mythologique face à la postérité. Sachant quel sens revêtait, dans la psychologie populaire albanaise, le fait qu'un mort soit pleuré par les vieilles*, il espérait sûrement prévenir la terrible chute qui l'attendait lorsqu'il ne pourrait plus agiter un doigt menaçant du haut de son perchoir de premier secrétaire du Comité central du Parti du travail. Cette superstition va comme un gant à un dictateur qui s'est efforcé toute sa vie de passer pour un dieu aux yeux de son peuple. Un tel souci de l'endroit où il serait enterré et de la manière dont on le pleurerait était dans sa nature. Il n'avait jamais fait confiance à personne pour mener ses affaires à bien.

Pourtant, même les vieilles de sa ville natale, Gjirokastër, ne purent lui sauver la mise en le pleurant sur les notes les plus tragiques. Autant par peur qu'en raison de l'état d'hypnose dans lequel il avait plongé son peuple, on racontait peu de blagues sur lui de son vivant. Il en surgit beaucoup après sa mort. L'une d'entre elles le montre, très vieux et malade, demandant qu'un conteur lui fasse passer le temps avec ses histoires. Mais il avait plus l'habitude de parler que d'écouter. Lorsque le conteur s'installa devant lui, Enver commença donc à lui conter comment il allait faire de l'Albanie un jardin fleuri. Le conteur l'écouta pendant un certain temps. A bout de patience, il finit par l'interrompre :

— Tu m'as fait venir ici pour me raconter des histoires, ou pour écouter les miennes ?

Ainsi avait commencé la chute finale de son mythe. Sa mort véritable devait intervenir ensuite. Et ce devait être une mort spectaculaire, et en même temps très dangereuse, comme l'est d'habitude la mort des gens atteints du choléra. Ramiz Alia et

* Les femmes âgées sont des pleureuses éprouvées, capables d'entraîner l'assistance pendant les veillées mortuaires ; leurs larmes sont particulièrement émouvantes, car elles symbolisent celles des mères pour leurs fils.

toute son équipe s'efforcèrent par tous les moyens d'éviter cette chute du mythe, insistant sans se lasser pour enraciner le culte d'Enver Hoxha chez toutes les générations. Ramiz Alia lui-même alla jusqu'à déclarer qu'Enver était irremplaçable. Evidemment qu'il était irremplaçable ! Irremplaçable en tant que dictateur. Mais Ramiz Alia exprimait encore autre chose par ses déclarations. Il montrait qu'il ne parviendrait jamais à se débarrasser de son complexe d'infériorité envers celui qui l'avait formé. Quoi qu'il en soit, il faut admettre qu'Enver Hoxha continua à gouverner l'Albanie du fond de sa tombe jusqu'au 9 décembre 1990, où les étudiants se mirent à manifester aux cris de : "Enver – Hitler !"

Dans la conscience de la partie la plus vivante du peuple, la jeunesse étudiante, le mythe d'un Enver sauveur de l'Albanie était donc définitivement tombé. Il ne fait aucun doute que sans détruire ainsi la figure mythique d'Enver Hoxha, les étudiants n'auraient pu franchir le pas qu'ils franchirent. C'est donc à juste titre qu'ils avaient hâte de faire disparaître toutes ses effigies. Ils avaient compris que tant qu'il resterait formellement debout, il constituerait un obstacle sérieux à la démocratie.

Mais la majorité des gens, surtout à la campagne, n'avait pas encore atteint le degré de lucidité auquel étaient parvenus les étudiants. C'est pourquoi nous, les intellectuels regroupés dans le Parti démocratique qui venait de se créer, nous avions demandé aux étudiants de ne rien précipiter les premiers jours. S'en prendre violemment à Enver Hoxha risquait, au lieu de contribuer à approfondir la démocratie, de lui porter des coups douloureux. Il fallait faire comprendre aux gens ce que représentait vraiment le "Grand Educateur du peuple albanais".

Le Parti du travail connaissait mieux que quiconque l'obscurantisme qui dominait dans les esprits des "fils du Parti". Il savait aussi où se trouvaient leurs points sensibles. Le premier de ces points était la question d'Enver Hoxha. Et le Parti savait d'autant mieux les lancer dans son jeu de piste politique qu'il avait failli précipiter le pays dans la guerre civile. Le 10 janvier 1991, Sali Berisha et Azem Hajdari se rendirent à un meeting dans la ville de Bajram Curri. Au moment précis où le docteur Berisha expliquait à quel désastre la politique de lutte des classes suivie par Enver Hoxha avait conduit le pays, quelqu'un surgit brusquement par-derrière, lui arracha le micro et cria :

— Enver Hoxha vit dans nos cœurs ! Parti – Enver, toujours prêts !

Un paquet de militants du Parti du travail qui n'attendaient que ce signal, à l'autre bout de la place où se tenait le meeting, démarra aussitôt :

Parti – Enver
Toujours prêts !

Ensuite, chantant à pleins poumons *Salut, Enver Hoxha* ils se dirigèrent vers le siège du comité du Parti du travail du district. Le siège ne se trouvait qu'à cinq cents mètres, mais dans une petite ville albanaise il n'en faut pas plus pour rassembler une foule de curieux. Dans le bâtiment du comité de parti se trouvaient des pancartes et des grands portraits d'Enver Hoxha préparés à l'avance. Egalement équipés de puissants mégaphones, ils se répandirent dans la seule avenue de la ville en lançant des slogans et en célébrant Enver Hoxha par leurs chants.

Le soir, la télévision retransmit un résumé du "meeting spontané" de Bajram Curri et lut un télégramme exalté que "les habitants de cette ville adressaient au Comité central du Parti du travail d'Albanie et à son premier secrétaire, le camarade Ramiz Alia". Le télégramme se terminait par ces mots : "Nous promettons de toujours nous tenir aux côtés du Parti d'Enver Hoxha pour en être les fidèles soldats."

Le meeting du Parti démocratique tourna court.

Et ce ne fut pas tout. L'exemple de Bajram Curri se renouvela plusieurs semaines de suite dans toutes les petites villes du nord de l'Albanie. Chaque fois que le Parti démocratique commençait un meeting, un autre meeting "spontané" se déclenchait à côté pour soutenir le Parti du travail et Enver Hoxha. C'est pourquoi ces manifestations devinrent, dans la bouche des gens, des "antimeetings".

Dès le début, à Bajram Curri, on put voir à quel point ces meetings étaient spontanés. Celui qui avait arraché le micro à Sali Berisha pour prendre la défense d'Enver Hoxha avait été condamné pour vol et venait de sortir de prison seulement quelques jours plus tôt, sans avoir purgé toute sa peine. Comme l'ont ensuite affirmé plusieurs de ses amis, il avait été libéré sous condition de "servir le Parti quand on aurait besoin de lui". Quant à la foule amenée "spontanément" des villages par camions, tôt le matin, le secrétaire du comité de parti du district l'attendait. Et même si le meeting du Parti démocratique avait été organisé conformément à la loi, la police n'était jamais intervenue, comme elle aurait dû le faire, pour retenir les "spontanéistes" qui voulaient y mettre fin. La police achevait, en l'occurrence, le travail que le Sigurimi avait entrepris en réunissant et en endoctrinant les "supporters" du Parti du travail.

Mais il est clair que le scénario de ce vilain spectacle n'a pas été écrit au comité de parti de Bajram Curri. Il venait sans aucun doute "d'en haut". Ramiz Alia lui-même, à défaut d'en être l'auteur, était parfaitement au courant, c'est certain. On n'avait pas choisi Bajram Curri pour y commencer cette campagne antidémocratique parce que la population y était plus proche du Parti du travail. On avait choisi Bajram Curri parce que trois des principaux instigateurs du processus de renversement de la dictature en étaient originaires : Sali Berisha, Azem Hajdari, Besnik Mustafaj. A cause d'eux, quelques journaux étrangers avaient qualifié Bajram Curri de "Timisoara albanais". Ainsi, le fait symbolique que ce soit à Bajram Curri même que le peuple en personne "donne spontanément une réponse à ces têtes brûlées" devait faire forte impression sur l'opinion publique albanaise et étrangère.

Je n'eus pas la possibilité d'accompagner le docteur Berisha et Azem Hajdari au meeting de Bajram Curri, car je continuais à souffrir d'une anémie prononcée et me sentais assez faible à cause d'une grave hémorragie à l'estomac que j'avais eue dans les derniers jours de décembre 1990. Selon les médecins, cette hémorragie était due au stress. D'après ce que m'avaient raconté certains de mes amis d'enfance, les gens de Bajram Curri étaient en général choqués par les bouleversements qui s'étaient produits et leur position était encore confuse. Les montagnards de ma région sont assez méfiants de nature et n'adhèrent pas facilement aux idées nouvelles. Mais une fois convaincus, ils sont prêts à se sacrifier pour leur but. Ce sont aussi des gens qui tiennent parole. La propagande intensive du Parti du travail, qui ne cessait de leur rappeler, à propos de tout et de rien, "le serment de fidélité qui les liait à Enver Hoxha", les bouleversait en ajoutant à leur confusion. Dans cette situation, ils étaient encore plus faciles à manipuler, ce que faisaient le Sigurimi et d'autres instruments perfectionnés au service du Parti.

Sachant tout cela, je ne m'attendais guère à ce que le meeting du Parti démocratique de Bajram Curri soit aussi chaleureux que ceux de Tirana ou de Shkodra. Mais, en même temps, je ne m'attendais pas du tout à ce qui était arrivé. Je ne sais s'ils avaient le diable au corps, mais ceux que la télévision montrait en train de manifester en faveur du Parti du travail et d'Enver Hoxha avaient vraiment l'air déchaîné. De toute ma vie, j'ai rarement été aussi triste que ce soir-là. Dans cet état d'esprit, j'écrivis aussitôt le poème *Le Temps de la souffrance* et le donnai dès le lendemain à *Zëri i rinisë* pour qu'il soit publié. J'avais choisi ce journal parce qu'il n'était lié à aucun parti ; mais on le considérait tout de même comme plus proche du parti au pouvoir que du Parti démocratique. Je savais que si je le publiais dans *Rilindja demokratike* – qui était toujours le seul journal de l'opposition –, on me lirait avec un préjugé à Bajram Curri, comme si je faisais la propagande de l'opposition. Or je voulais que mes concitoyens comprennent exactement la souffrance que j'avais ressentie en tant qu'homme en les voyant agir ainsi. La souffrance du poète, en dehors de toute intention politique. La blessure que j'avais subie venait du fait que je me demandais si pour ces gens, que j'aimais beaucoup, le rêve de la liberté était bel et bien mort.

LE TEMPS DE LA SOUFFRANCE

à ma ville natale, Bajram Curri

Nulle part les hommes
Ne me font autant de peine qu'ici.

Ils sont tels que je les ai connus dans mon enfance
Mal vêtus, mal nourris
Et pourtant de brillants conteurs.

Ah, crie mon âme,
S'ils pouvaient se mettre au service
Des contes sans malice de leurs nobles montagnes !

Ah, pleure mon cœur au désespoir,
Moi qu'ils ont fait naître poète,
Dois-je croire que le bronze trompeur des statues
A pu étouffer en un seul d'entre eux
Le rêve merveilleux de la liberté ?

11.1.1991

Je peux dire que j'ai réussi, jusqu'à un certain point, à toucher au vif ceux à qui je m'adressais. Les plus dogmatiques s'en sentirent offensés et m'adressèrent des lettres très virulentes. Ils s'efforcèrent de les faire publier dans la presse. Beaucoup, au contraire, et surtout des jeunes, firent circuler mon poème de main en main pendant plusieurs semaines, après l'avoir tapé à la machine.

En tout cas, le résultat de cet antimeeting avait de quoi réjouir les communistes. Ils le citèrent en exemple à toutes leurs sections à travers le district. Et ils réussirent à mobiliser pas mal de monde pour défendre Enver Hoxha. Le risque qu'ils prenaient de causer entre ces foules des heurts aux conséquences tragiques ne les inquiétait pas. Au contraire, si l'on en juge par leur journal, *Zëri i popullit*, les organisateurs des antimeetings y trouvaient le plaisir qu'éprouve celui qui remporte un duel en trichant. Pour éviter ce risque, qui aurait pu aller jusqu'à la guerre civile, le Parti démocratique fut obligé de renoncer provisoirement aux meetings, même s'il en avait grand besoin pour s'affirmer.

L'interruption des meetings du Parti démocratique ôta toute raison d'être aux antimeetings. Mais ceux-ci avaient semé dans certaines régions, comme dans la propagande du Parti en général, un esprit revanchard des communistes que la direction du Parti du travail avait intérêt à maintenir en éveil et à faire fructifier. Dans ce but, le præsidium de l'Assemblée populaire du 22 janvier émit un décret portant le numéro 7459 sur "le respect et la défense des monuments liés à l'histoire nationale et des effigies d'Etat", qui précisait :

"1. Les statues, bustes et mémoriaux de toute sorte consacrés aux brillantes figures de l'histoire et de la culture de notre peuple que sont : le héros Gjergj Kastriot Skënderbeg ; les grands patriotes de la Renaissance nationale comme les frères Frashëri ; les combattants glorieux de l'indépendance comme Ismaïl Qemal ; les personnalités remarquables de la lutte pour la démocratie comme Fan Noli ; le dirigeant de la guerre de Libération nationale et fondateur de l'Etat nouveau albanais,

Enver Hoxha, et d'autres acteurs éminents de la vie pluriséculaire de notre peuple sont des monuments intangibles et sont protégés par les lois de l'Etat.

"2. Sont également protégés par la loi les stèles, les plaques commémoratives, les musées, les sépultures des martyrs tombés pour la liberté et l'indépendance, où qu'ils se trouvent, ainsi que le drapeau national, l'emblème et les autres symboles de la République.

"3. Tout acte visant à détériorer, dégrader ou remplacer les objets susmentionnés, ainsi que toute insulte ou tout acte visant à salir la mémoire de telles personnalités, est passible de six mois à trois ans de privation de liberté.

"4. Lorsque les actes susmentionnés seront accomplis par un groupe organisé, seront accompagnés d'actes de violence et de troubles de l'ordre public, la condamnation sera doublée pour les organisateurs de ces groupes et les auteurs de ces actes."

Ce décret, publié dès le lendemain dans *Zëri i popullit*, était signé Ramiz Alia.

Il était parfaitement clair pour tout le monde qu'aucun danger ne menaçait les souvenirs du héros national Gjergj Kastriot Skënderbeg, qui dirigea la glorieuse résistance albanaise contre les Ottomans au XVe siècle. Aucun danger ne menaçait les souvenirs des frères Frashëri, dont l'action suscita la Renaissance nationale dans la deuxième moitié du XIXe siècle, amorçant le mouvement qui devait conduire à la proclamation de l'indépendance de l'Albanie contre l'envahisseur ottoman. Aucun danger ne menaçait les souvenirs d'Ismaïl Qemal, qui proclama l'indépendance en 1912 et fonda le premier Etat albanais indépendant après cinq siècles d'asservissement aux Ottomans. Aucun danger ne menaçait les rares souvenirs de Fan Noli, qui dirigea la première révolution démocratique d'un pays des Balkans. Le seul but était de défendre les innombrables souvenirs d'Enver Hoxha.

On se rappelait qu'Enver Hoxha avait défendu ses positions en tenant toujours en alerte la partie de l'opinion qui lui apportait son soutien. Après parution de ce décret, une vague tout aussi hystérique de télégrammes adressés à Ramiz Alia remplaça les antimeetings. Mais ils n'étaient pas adressés à Ramiz Alia, président de la République. Les télégrammes étaient adressés au premier secrétaire du Comité central du Parti du travail d'Albanie, le camarade Ramiz Alia. Je ne citerai qu'un de ces télégrammes pour faire comprendre ce qu'exprimait chacun d'entre eux. "Nous condamnons vigoureusement toute tendance à nier les acquis de quarante-six années et la figure éminente du peuple albanais, le camarade Enver Hoxha." Ce télégramme était signé par le Collectif des mineurs de cuivre de Kurbnesh, le 25 janvier 1991. Il s'agit de la plus grande mine de cuivre du pays.

Zëri i popullit sort sur quatre pages. A ce moment-là, l'Albanie regorgeait d'événements comme jamais au cours de son histoire. Cependant, ce journal consacrait chaque jour toute sa une à ces télégrammes. On comprend ce qu'ils représentaient pour le Parti du travail. Les télégrammes étaient toujours signés par des collectifs de travailleurs. Et en aucun cas par des individus identifiables. C'est une pratique bien connue en matière de propagande ; elle consiste à faire beaucoup plus de bruit qu'on n'a de force réelle. Un tel bruit donne assez d'assurance à la direction pour prendre des décisions, même si l'on sait que ce bruit est en grande partie fictif. Un tel bruit donne aussi aux militants du parti communiste l'assurance de pouvoir agir même si, en raisonnant à tête reposée, ils reconnaissent que ce bruit est presque entièrement mensonger. C'est une pratique qui a fait ses preuves lorsqu'il s'agit d'entretenir l'optimisme. Pour l'exprimer par un terme qui ne relève pas du réalisme socialiste, il faudrait dire que ces télégrammes collectifs font partie des méthodes de base qu'emploient les régimes dictatoriaux pour injecter au peuple un complexe de culpabilité collective. Ce complexe réduit toujours les opposants à la paralysie. En fait, les opposants savaient très bien que ces télégrammes étaient rédigés dans les bureaux douillets des secrétaires du Parti. Et la masse des travailleurs ne prenait connaissance du texte qu'en l'entendant lire à la télévision ou en le voyant publié dans des journaux. Pourtant, les opposants eux-mêmes ne pouvaient échapper à l'influence de ces manœuvres. Selon les endroits, ils avaient plus ou moins perdu confiance en eux-mêmes, commençaient à hésiter. Ces jours-là, les appels à retirer les effigies d'Enver Hoxha et à prendre ses distances avec son personnage – qui provenaient aussi du parti au pouvoir et du gouvernement, désireux de fournir la première preuve de leur admiration pour la démocratie – se faisaient entendre plus rarement et avec moins de force.

Ce résultat avait de quoi encourager Ramiz Alia et son équipe. Pour donner jusqu'au bout l'impression que les positions inconciliables de l'opposition et du Parti du travail sur Enver Hoxha pouvaient mener le pays à une guerre civile sanglante, Ramiz Alia commença à recevoir les unes après les autres les délégations des "collectifs en révolte". Il les recevait au palais des Congrès, en compagnie de Nexhmije Hoxha, et en présence de la télévision. Le visage marqué à la fois par la consternation et l'inquiétude, il parlait avec de grands gestes, comme s'il espérait ainsi persuader tous les Albanais qui le suivaient sur le petit écran qu'il avait bien du mal à calmer ses interlocuteurs. Un authentique Père de la Nation qui consacre tous ses efforts à empêcher la discorde nationale. Quant à Nexhmije, à ses côtés, elle gardait l'attitude d'une dame bien consciente de sa supériorité. De temps en temps, elle appuyait les phrases et les explications du "camarade Ramiz" d'un sourire glacial. Les visiteurs venus du Nord ou du Sud élevaient la voix de temps à autre, pour montrer à quel point l'atteinte portée au personnage d'Enver Hoxha insultait leur fierté nationale et politique. Et le "camarade Ramiz" les rassurait :

— Enver Hoxha appartient à toute la nation albanaise. Quelques groupes ou individus bien précis, dont les actions servent les ennemis de l'Albanie, ne peuvent noircir sa mémoire. Nous défendrons par tous les moyens la mémoire et l'œuvre du camarade Enver !

Toute cette mise en scène ne visait qu'à introduire cette phrase. Cette menace.

Mais toute cette histoire de délégations reçues et renvoyées dura trop longtemps ; elle finit par atteindre l'effet inverse chez les gens. Surtout dans les grandes villes. Le Parti du travail poursuivait deux buts : créer le mythe d'un Ramiz Alia sauveur de la nation dans la situation délicate que les forces de l'opposition avait provoquée, et maintenir la dignité bafouée d'Enver Hoxha. Ainsi sauvait-on le passé et le présent du Parti du travail.

Mais ils n'y parvinrent pas, justement parce qu'ils en faisaient trop. Tout comme les autres fois, les premiers à se ressaisir furent les étudiants. A la fin de la première semaine de février, ils organisèrent un meeting sur la place de la Démocratie, au centre de la Cité universitaire. Au moyen d'une pétition adressée au gouvernement et au président, ils demandèrent que l'université de Tirana cesse de porter le nom d'Enver Hoxha. Le président et le gouvernement répondirent au bout de quelques jours que le peuple entier devait se prononcer au sujet des symboles d'Enver Hoxha. Il n'y avait qu'à organiser un référendum après les élections ! Les élections qui étaient fixées au 10 février depuis décembre dernier étaient à présent repoussées au 31 mars 1991.

Un dialogue s'engagea alors entre les étudiants et le président du gouvernement.

Le dialogue était chaque jour plus tendu.

Le nombre d'étudiants grossissait sur la place de la Démocratie. Des meetings avaient lieu sans arrêt. Le nombre de "délégués" du Parti du travail, du ministère de l'Education, de l'Union des jeunes travailleurs grossissait aussi. Le nombre des émissaires du Sigurimi et des policiers aussi, avec rapidité. Il fallait à tout prix obliger les étudiants à renoncer à leur demande. Mais les prières, les promesses, les menaces restèrent vaines. Les étudiants répondirent qu'on n'avait pas fait de référendum général pour baptiser l'université Enver Hoxha. Il n'y avait donc pas lieu d'en faire un pour la débaptiser. Ils acceptaient, cependant, qu'un référendum soit organisé parmi l'ensemble des étudiants et des professeurs de l'université. En quelques heures, on réunit près de huit mille signatures, sur les onze mille étudiants et professeurs que comptait l'université.

Ce référendum fut déclaré illégal, même s'il s'était déroulé sous le contrôle de la Commission étudiante officielle.

Les étudiants annoncèrent qu'ils entameraient une grève de la faim si leur demande n'était pas satisfaite.

Ramiz Alia, par le truchement de ses agents du ministère de l'Education, s'engagea officieusement à une restructuration rapide de l'université. On en profiterait pour lui enlever le nom d'Enver Hoxha. A condition que les étudiants renoncent à leur projet de grève de la faim.

Les étudiants refusèrent cette condition. Ils refusaient de voir leur demande satisfaite de cette manière. Nous ne voulons pas atteindre nos objectifs en faveur de la démocratie à la sauvette, répondirent-ils. On sert la démocratie ouvertement, et par des moyens directs.

Ramiz Alia et ses collaborateurs en revinrent aux bonnes vieilles méthodes.

Ils parvinrent à diviser la Commission étudiante. Un jour avant l'échéance fixée pour la grève de la faim, cette commission, qui se composait de seize membres, se saborda car la majorité d'entre eux se prononçait contre la grève de la faim. Une nouvelle commission de neuf membres, tous déterminés à aller jusqu'au bout, fut constituée. La large masse des étudiants les appuyait totalement.

Dans l'intervalle, l'intelligentsia renonçait à son apathie et à ses craintes. Les travailleurs aussi. Les plus enflammés à soutenir les étudiants étaient les mineurs de charbon de Valias, à quinze kilomètres de Tirana.

Ramiz Alia et ses collaborateurs brûlaient leurs dernières cartouches. Dans la soirée du 14 février, au cours de l'émission d'information, la télévision diffusa un communiqué du ministère de l'Intérieur disant :

“Le ministère de l'Intérieur avertit l'opinion publique que les organismes d'Etat ont reçu des informations complètes selon lesquelles des forces destructives organisées se préparent à créer de sérieux troubles de l'ordre dans le peuple ces jours-ci, dans la capitale comme dans d'autres villes du pays.

“Ces informations précisent que ces forces sont dirigées par des éléments nuisibles et terroristes, équipés de moyens répressifs tels qu'armes à feu, explosifs, armes blanches, etc. Ils ont pour objectif de s'en prendre aux citoyens et aux biens du peuple pour déstabiliser la situation politique du pays.

“Les plans de ces forces terroristes et fascistes consistent à profiter des meetings, des manifestations et autres activités de masse, culturelles, sportives, etc. Abusant du pluralisme politique, importante conquête de la démocratie, ils agissent en sous-main dans le but de nuire au peuple et d'opposer les masses aux organismes du pouvoir, aux forces de l'ordre et aux partis politiques. Ils lancent des slogans incitant à la lutte fratricide et antinationale.

“Par cet appel, nous demandons aux citoyens, aux parents, aux membres actifs de tous les partis politiques et organisations sociales, et tout particulièrement aux élèves et aux étudiants, de ne pas devenir les victimes de manipulations et d'actions antipopulaires.

"Les forces de l'ordre ont reçu pour consigne d'être à leur poste et d'agir sans hésiter pour défendre la légalité, la vie du peuple et les intérêts supérieurs de la Patrie."

Ce communiqué suivait de deux jours seulement le discours que Ramiz Alia avait prononcé à Vlora, où il avait dit : "Personne n'a le droit de se jouer des sentiments des gens. Aucun peuple civilisé ne méprise son histoire. En disant cela, je pense tout particulièrement à ceux qui demandent que l'on débaptise l'université Enver Hoxha de Tirana. Personne, que ce soit un groupe de gens ou quelques organisations, n'a le droit moral, et encore moins le droit légal, d'imposer ses propres désirs au peuple tout entier, à l'Etat."

En disant que personne n'a le droit de jouer avec les sentiments des gens et qu'aucun groupe ni organisation politique n'a le droit moral ou légal d'imposer ses propres désirs au peuple tout entier, Ramiz Alia tentait lui-même de rallumer le feu dangereux des antimeetings, c'est-à-dire de créer dans le peuple une opposition aussi forte que possible à ceux qui demandaient qu'on retire les effigies d'Enver.

Politicien professionnel plein de ruse, Ramiz Alia savait très bien qui jouait avec les sentiments des gens et qui cherchait à imposer ses propres désirs au peuple. Le Sigurimi l'avait certainement informé que les principales villes du pays, où l'on n'avait pas réussi à tenir des antimeetings, à savoir Tirana, Shkodra, Durrës, Korça, Vlora, Kavaja, soutenaient totalement les étudiants. Des centaines de milliers de personnes dans d'autres villes moins importantes soutenaient les étudiants. Cela faisait plus de soixante pour cent de la population. Bien que sachant ces gens tout à fait surexcités, il gardait un dernier espoir de leur faire peur : faire naître la panique du terrorisme. Le texte du ministère de l'Intérieur avait été rédigé avec beaucoup de soin, pour que le peuple albanais "comprenne" que le mal venait précisément des étudiants.

La manœuvre ne réussit pas davantage.

Le 15 février 1991, six cent soixante-dix étudiants s'enfermèrent dans la Cité universitaire. Il n'en aurait pas tenu plus. Des milliers d'étudiants se réunirent autour du bâtiment où leurs camarades entamaient leur grève de la faim. La Cité universitaire fut encerclée par la police, pour empêcher des milliers d'habitants de Tirana de s'y précipiter dès l'après-midi. On ne renouvellerait pas l'erreur de décembre. Le lendemain arrivèrent les premières foules venues de Kavaja. Puis de Durrës, de Shkodra et d'autres villes. Le cordon policier fut obligé de céder.

Au bout de trois jours, toute l'Albanie vivait dans l'angoisse. Les ambulances dont les sirènes hurlaient de façon plus effrayante que jamais s'approchaient de plus en plus souvent du bâtiment où s'étaient barricadés les étudiants en grève de la faim.

Ramiz Alia et le gouvernement maintenaient toujours que la demande des étudiants ne pouvait être satisfaite sans l'approbation de tout le peuple. Et pour "prouver" que la plus grande partie de la population s'y opposait, *Zëri i popullit* du 19 février 1991 publia un message que l'Union des activistes volontaires "Enver Hoxha" adressait à Ramiz Alia. Ce message proclamait que l'Union avait recruté cinq cent mille membres en deux jours, et prédisait qu'on ne savait quel nombre serait atteint, tant on se bousculait à l'entrée.

Tout le monde comprenait que ces chiffres étaient truqués, dans un but facile à deviner. Pourtant, il y avait de quoi s'inquiéter. Le président de cette association était un officier du ministère de la Défense. Il pouvait trouver assez de gens soutenant aveuglément Enver pour constituer plusieurs escadrons noirs. L'analyse la plus simple amenait à la conclusion que le Parti du travail s'efforçait de justifier le communiqué émis par le ministère de l'Intérieur quelques jours plus tôt. Mais cela pouvait même aller plus loin. On se mit à parler avec insistance de la préparation d'un putsch. Le commandant de la garde personnelle d'Enver Hoxha pendant plus de trente ans, qui était aussi l'exécutant occulte des intrigues de Nexhmije, était l'organisateur officieux de l'Union des activistes volontaires "Enver Hoxha". Non seulement il connaissait bien la technique des éliminations et des putschs, mais on voyait qu'il continuait à disposer du pouvoir "magique" de mobiliser les réservistes, de les armer et de les transporter jusqu'aux faubourgs de Tirana dans des camions de l'armée.

Enver Hoxha semblait conserver de profondes racines dans ce pays. Ses racines étaient plus profondes dans les villages et les petites villes éloignées, où le rêve de liberté et de démocratie était resté dans la torpeur la plus noire.

Pourtant, Enver devait lui aussi être déraciné. Autour du bâtiment où les étudiants s'étaient barricadés en grève de la faim se tenaient nuit et jour des dizaines de milliers de gens venus de toute l'Albanie. La foule grossissait sans cesse. Et ceux qui se tenaient autour de la maison de la Culture des étudiants avaient moins de patience que ceux qui achevaient leur première semaine sans rien se mettre sous la dent.

Ils perdirent patience le 20 février 1991 vers midi. Une foule de près de cinquante mille personnes se dirigea vers le boulevard des Martyrs-de-la-Nation. Son but était de manifester devant le siège du Parti du travail et celui du gouvernement, qui se faisaient face. La police et l'armée usèrent de tous les moyens, sauf les armes à feu, et plusieurs affrontements les opposèrent aux manifestants sur le parcours. Elles parvinrent seulement à les empêcher d'accéder au boulevard, où se trouvait leur objectif. Mais elles ne purent les empêcher de descendre place Skënderbeg. Plus de cent mille personnes s'y trouvaient alors rassemblées.

Sur cette place se dressait une statue géante d'Enver, qui devait, deux heures plus tard, finir traînée à terre à travers les rues de la Cité universitaire. Les gens ne savaient comment exprimer tout le fiel qu'ils avaient gardé en eux contre le dictateur.

Au cours du même après-midi, la statue du "Commandant" dans la ville de Korça et celle du port de Durrës furent renversées.

Il ne restait plus que celle de sa ville natale, Gjirokastër.

Le lendemain, 21 février 1991, le Comité central du Parti du travail diffusa une déclaration particulièrement provocatrice disant :

"Perdant tout bon sens, les foules se sont livrées à un acte de vandalisme. Elles sont parvenues à abattre les effigies et les bustes consacrés au camarade Enver Hoxha, fondateur du PTA et de notre Etat démocratique. Leurs intentions sont désormais claires."

En fait, aucun acte de vandalisme ne fut commis dans aucune des principales villes d'Albanie où des manifestations se déroulèrent ces jours-là, si ce n'est "le renversement des bustes et effigies du camarade Enver Hoxha". Je n'aurais jamais imaginé que des foules animées de tant de haine contre Enver Hoxha se montreraient jusqu'au bout aussi respectueuses de tout ce qui les entourait. Il n'y eut pas un carreau cassé.

De toute façon, dès le lendemain de la déclaration du Comité central du Parti du travail, on put voir qui avait des intentions néfastes. A l'Ecole militaire Enver Hoxha, les étudiants et les professeurs furent profondément "blessés" par le traitement infamant subi par le fondateur de l'Armée populaire qui, bien des années avant de mourir, avait donné son nom à leur école. Ils proclamaient qu'ils allaient descendre en armes au centre de

Tirana, place Skënderbeg, pour replacer sur son piédestal la statue du "Commandant". Et ils rendirent publique une pétition, dans laquelle ils faisaient savoir que si l'on ne châtiait pas immédiatement ceux qui avaient profané les effigies d'Enver Hoxha, ils cesseraient d'obéir aux ordres du président, qui était aussi commandant des Forces armées d'Albanie, et du ministre de la Défense.

D'après ce qu'affirmèrent par la suite des gens qui avaient été mêlés à cette histoire, la "révolte" de l'Ecole militaire avait été organisée sur les "conseils" du ministre de la Défense, également membre du Bureau politique. Derrière lui, on trouvait Nexhmije Hoxha. On n'a pas encore la preuve que Ramiz Alia était également impliqué. Il semble que ce n'était pas le cas car il s'agissait, après tout, d'un putsch militaire organisé contre lui, qui "ne montrait pas l'autorité et la détermination nécessaires dans la situation difficile que traversait le pays".

Ce putsch n'échoua que parce que l'Ecole militaire fut aussitôt encerclée par le peuple de Tirana. Des milliers de personnes restèrent sur place pendant trois jours et trois nuits d'affilée, improvisant des barricades, alors même que des armes étaient braquées sur eux. Il y eut trois morts et un blessé.

Mais le putsch échoua.

Enver Hoxha fut déraciné une fois pour toutes de Tirana.

Cela signifiait que petit à petit, on le déracinerait du reste du pays.

LES DIEUX DESCENDENT DE L'OLYMPE

S'il fallait rédiger un rapport en style communiste sur les élections du 31 mars 1991 dans la circonscription 208, voici ce que l'on pourrait écrire :

"Les organismes dirigeants du Parti et du pouvoir populaire de Tirana ont étudié avec le plus grand soin toutes les circonscriptions électorales que comprend le district de Tirana et choisi comme convenant le mieux au camarade Ramiz Alia celle qui porte le numéro 208. Cette circonscription a pour centre le quartier «Fondation du Parti» où se trouve la maison dans laquelle, le 8 novembre 1941, le Parti communiste albanais fut fondé sous la direction du camarade Enver Hoxha. Les habitants de cette zone ont souvent prouvé qu'ils étaient unis au Parti comme la chair à l'ongle. Le camarade Enver Hoxha lui-même y a plusieurs fois posé sa candidature et l'a emporté avec 100 % des voix. En quarante-cinq ans de pouvoir populaire, les organismes spécialisés ont pris soin de nettoyer cette zone de tous les éléments montrant des doutes ou un désaccord envers la juste politique du Parti.

"La composition des habitants de cette zone nous offrait donc toutes les garanties pour que la campagne électorale soit couronnée de succès. Presque chaque famille comptait au moins un membre de notre Parti. Bon nombre d'entre eux étaient des officiers de notre Armée populaire, des ingénieurs, des médecins, des économistes, des inspecteurs des ministères. En un mot, des gens qui non seulement n'ont jamais souffert du pouvoir populaire, mais ont même avancé dans la vie grâce à ce pouvoir.

"Cependant, dans l'étude détaillée que nous avons menée, nous ne nous sommes pas contentés des indications que nous avions. Les instructeurs de l'appareil du comité de parti et les activistes les plus dévoués ont organisé plusieurs rencontres avec les habitants de cette zone pour discuter avec eux, pour s'assurer que leur fidélité envers le Parti n'était pas sujette à des fluctuations. Toutes les informations qu'ils nous ont transmises promettaient que le but serait atteint.

"Mais nous ne nous sommes pas non plus contentés de cela. Pour nous convaincre définitivement que nous choisissions un endroit convenable, nous avons mis le Sigurimi à l'œuvre. Les rapports du Sigurimi, il est vrai, montraient moins d'enthousiasme. Selon les informateurs du Sigurimi, le Parti démocratique et la propagande anticommuniste en général avaient réussi à semer une sorte de dégénérescence chez les habitants. En conclusion, le Sigurimi exprimait sa ferme conviction que notre candidat remporterait au moins 75 % des voix. C'était ce que nous souhaitions. Une telle victoire aurait été crédible même aux yeux des observateurs étrangers. Le camarade Ramiz lui-même nous avait appris qu'il ne fallait plus que nous l'emportions avec 100 % ou même 99,99 % des voix.

"Notre assurance n'a fait que croître lorsque nous avons vu que le Parti démocratique présentait comme candidat un ingénieur des Mines parfaitement inconnu. C'est peut-être ce fait qui nous a conduits à nous réjouir trop vite. Au fond, nous pensions que le Parti, par l'intermédiaire de ses moyens occultes, était arrivé à un compromis avec l'opposition. Sinon, comment expliquer que face au camarade Ramiz Alia, dirigeant de notre Parti et de notre Etat, concepteur et réalisateur de tous les processus démocratiques en Albanie, continuateur fidèle de l'œuvre d'Enver Hoxha, commandant en chef des Forces armées, le Parti démocratique n'ait présenté aucune de ses personnalités les plus importantes, pour ne pas dire son président ? Nous avions une autre hypothèse : le Parti démocratique présentait un inconnu dans cette zone parce qu'il était convaincu, tout comme nous, de sa défaite. Cette seconde hypothèse a suffi à nous rassurer.

"Considérant l'ensemble de ces circonstances, nous avons été totalement pris au dépourvu par le résultat des élections du 31 mars où le camarade Ramiz Alia, candidat à la députation pour le Parti du travail, le Front démocratique d'Albanie et l'Union des jeunes travailleurs d'Albanie, a été battu dès le premier tour.

"Bien entendu, nous avons tiré les leçons de cette défaite. Nous aurions dû mieux concentrer les forces dans cette zone au cours de la campagne électorale. Nous aurions dû attacher à la victoire du camarade Ramiz Alia le prix qu'elle méritait. Cela aurait représenté non seulement la victoire d'un candidat de notre Parti, mais une victoire d'une importance politique particulière pour le présent et l'avenir de notre Parti, dans le nouveau contexte pluraliste du pays. Nous faisons notre profonde autocritique en tant que communistes pour le jugement politique superficiel dont nous avons fait preuve en analysant la situation. Nous faisons également notre autocritique pour l'euphorie qui nous a saisis. Nous n'avions pas en tête la leçon immortelle du camarade Enver selon laquelle l'euphorie est la maladie la plus dangereuse pour les communistes. Nous devons aussi préciser que, surtout au cours de cette campagne électorale, l'ennemi intérieur du pouvoir populaire, avec le soutien puissant des services secrets étrangers, a travaillé avec une très grande intensité, alors que notre Sigurimi s'est révélé incapable de faire face.

"Nous promettons au Parti de toujours tenir compte de cette leçon amère à l'avenir.

“Nous affirmons également au Parti, avec une totale conviction, que cette défaite n’a en rien compromis l’autorité du camarade Ramiz Alia aux yeux du peuple. Il est et restera notre dirigeant infaillible sur la voie difficile du renforcement du pouvoir populaire.”

C’est ainsi, après la chute fracassante des statues de Staline et d’Enver de leur piédestal, que le peuple détrônait également le dernier des dictateurs, celui qui continuait à tenir serrées les rênes du pouvoir. Les dieux descendus de l’Olympe perdaient leur caractère divin.

NOUS VOULONS ÊTRE COMME LE RESTE DE L'EUROPE

Les murs de la séparation ne montent pas jusqu'au ciel.

Un peuple entier entendit, émerveillé, ses fils étudiants se mettre à crier face à la police déchaînée : "Nous voulons être comme le reste de l'Europe !" Que restait-il de toute l'encre dépensée sans compter pendant quarante-six ans pour noircir des milliers de livres, de journaux, de revues, d'affiches, de tableaux, de banderoles, de décors de théâtre et de cinéma, de partitions musicales, dans le seul but de maquiller le visage de l'Europe en la présentant au peuple albanais comme un effroyable épouvantail ? Au cours des soirées solitaires de sa longue période de domination, le dictateur a dû maudire des milliers de fois ce dieu qui ne lui avait pas donné assez de force pour déplacer géographiquement son bout de terre des Balkans et l'emporter quelque part en Asie. Comme il se serait senti à l'aise quelque part entre les républiques soviétiques et la Chine, là où se trouve la Mongolie, par exemple ! En effet, malgré la ceinture défensive parfaite assurée par les nationaux-communistes yougoslaves au nord et à l'est, par la mer à l'ouest, et pendant plusieurs années par les colonels grecs au sud, le rayonnement de la moitié ouest du continent auquel se rattache depuis la création du monde cette bande de terre plus riche en montagnes qu'en plaines risquait de parvenir jusque-là. Pour avoir lui-même passé une bonne partie de sa jeunesse à Paris et à Bruxelles, voyagé en Italie et en Suisse, il connaissait parfaitement l'influence ravageuse de textes comme la Déclaration des droits de l'homme qui, depuis sa rédaction il y a deux siècles, n'avait fait que s'enraciner toujours plus dans l'esprit perverti des citoyens.

La fermeture devait être totale, hermétique.

Les Albanais devaient croire qu'ils allaient se "jeter dans la gueule du loup".

Dans le discours qu'il prononça à l'occasion de la remise du prix Charlemagne à Václav Havel, François Mitterrand évoqua une inscription vue sur une petite église du Bourbonnais : "Les murs de la séparation ne montent pas jusqu'au ciel." Les murs qui nous séparaient du reste du continent ne s'élevaient pas non plus jusqu'au ciel. Dès le début des manifestations, on vit que la dictature d'Enver Hoxha avait manqué son but principal : semer le ferment de la xénophobie dans l'esprit des Albanais. Le contenu de ce slogan qui devait très vite devenir la devise de toute la vie politique de la capitale albanaise revêtait donc une importance toute particulière. Il exprimait l'orientation irréversible que prendrait à l'avenir le développement de ce pays.

Il est vrai que les étudiants, autrement dit la fraction la plus évoluée de la jeunesse, ont été les premiers à formuler ce slogan. Par la suite, j'ai demandé à tous ceux qui s'étaient trouvés en tête des premières manifestations à qui l'idée était venue en premier d'ajouter aux cris de "Liberté !" et "Démocratie !" le slogan : "Nous voulons être comme le reste de l'Europe." Personne ne s'en souvenait. Un tel anonymat rappelle celui qui domine tout le folklore épique albanais, lequel a toujours pris naissance dans les périodes les plus tragiques de notre histoire ; il prouve que ce slogan ne devait rien au hasard ni à la clairvoyance politique d'une personne précise. Il a jailli de la longue accumulation de rêves et d'espoirs de tout un peuple, accumulation qui ne se produit que chez des gens soumis à une violence quotidienne. Nul ne peut avoir d'aussi fortes raisons de se raccrocher à l'avenir que celui auquel le présent fait défaut ; tel était le cas des Albanais.

Cependant, une autre question surgit : que savaient les Albanais de l'Europe, pour aspirer à ce point à rejoindre le cours de son développement ?

Pour "l'homme nouveau albanais" – dont le "camarade Enver" avait proclamé à maintes reprises qu'il était "le grand œuvre du Parti" – il était parfaitement clair, toujours et en tout lieu, au travail comme en classe, au café comme à la maison, avec des amis comme en famille, que l'Europe était un des coins les plus sombres de l'enfer sur terre, où "l'homme est sauvagement exploité par l'homme ; par conséquent, la société y est rongée par des crises chaque jour plus profondes, plus difficiles à guérir, qui conduiront inévitablement au triomphe de la révolution prolétarienne". A la lumière des analyses de Marx, d'Engels, de Lénine et de Staline sur l'avenir de notre continent, le "camarade Enver" était parvenu, au VIIe congrès du Parti tenu en novembre 1976, à enrichir la théorie marxiste-léniniste par la conclusion suivante : "La question de la révolution n'est plus une aspiration des peuples de l'Europe et du monde entier, mais une question sur laquelle le débat est ouvert." Toute l'information sur l'Europe retransmise par les médias officiels (et il n'y en avait pas d'autres) était donc filtrée avec le plus grand soin. Elle devait être profondément "éducative", c'est-à-dire servir à illustrer au mieux cette conclusion historique de "l'architecte de l'Albanie nouvelle" sur le destin du Vieux Continent. Tout au long de la journée, du matin au soir, il était donc rare, très rare, de trouver quelqu'un qui se risque – si ce n'est sous l'influence de l'ivresse ou dans un accès de folie – à mettre en doute la véracité de ces informations.

Mais quand venait le soir, des cohortes de jeunes s'enfermaient dans leurs appartements exigus. Une des choses qui frappaient les rares étrangers qui se trouvaient à Tirana en service commandé était le vide complet des rues, des places, des boulevards de la capitale dès dix heures du soir. Que font les gens, où sont-ils ? nous demandaient-ils avec étonnement, à nous qui les accompagnions. Et nous tenions la réponse toute prête sur le bout de la langue :

— Ils se couchent tôt, car ils se lèvent dès l'aube. Le travail commence à six heures du matin dans la plupart des entreprises.

En fait, ce n'était pas la vraie raison.

Si l'on examinait attentivement les toits plongés dans l'obscurité, on voyait apparaître çà et là des silhouettes. Ils étaient là, les "hommes nouveaux". Ils grimpaient sur les toits pour orienter furtivement les antennes de télévision de manière à capter les ondes des télévisions italienne et yougoslave. Dans les magasins albanais, on ne trouvait pas les tubes de cuivre ou d'aluminium qui servaient à fabriquer des antennes. On ne publiait pas non plus de schémas de montage de ces antennes ; pourtant, personne n'était privé d'antenne et celles-ci étaient montées avec une habileté remarquable. Comment s'y étaient-ils pris ?

Ils s'étaient procuré et les tubes, et les schémas. Personne ne cherchait à savoir où. L'important, c'était que tout le monde en avait trouvé. Les autres préféraient ne rien savoir. Cela rendait les choses plus faciles vis-à-vis des activistes du Front, en général des retraités, d'anciens résistants, et surtout d'ex-officiers de l'armée ou du Sigurimi. Le Front démocratique était l'organisme auquel le Parti et le camarade Enver avaient confié la tâche exaltante de lutter contre les manifestations du mode de vie étranger sur les lieux d'habitation. La plupart d'entre eux accomplissaient aussi avec le plus grand zèle la tâche de renseigner le Sigurimi sur les faits et gestes de leurs voisins ou des amis de leurs enfants.

Quand on vit sous la dictature, on se construit de manière instinctive un système de défense.

Sans cela, les conséquences sont tragiques et définitives. On peut donc comprendre comment les Albanais ont eu tendance, ne serait-ce qu'en réaction contre la façon dont la propagande officielle présentait l'Europe, à accepter sans réserve l'image rose du monde qu'ils découvraient à la télévision étrangère dans les séquences publicitaires pour Coca-Cola, les parfums ou les voitures de sport. Cette façon irréaliste de se représenter la partie occidentale de notre continent a exercé une influence tout à fait positive pendant la période de dictature, en poussant les gens à refuser mentalement la réalité qui les entourait. Mais ensuite, à la chute de la dictature, elle a eu l'effet inverse, incitant massivement ce peuple à se jeter sur ces pays comme sur un Eldorado salvateur qui n'existait que dans leur cerveau épuisé.

Dans son livre *Printemps albanais*, Ismaïl Kadaré exprime très justement son malaise de voir la RAI esquiver le rôle qui lui revenait, celui d'exercer une pression médiatique sur la dictature qui régnait chez ses voisins de l'autre côté de la mer. Le malaise qu'exprime Kadaré en tant qu'écrivain albanais vise particulièrement la RAI, car c'était la seule télévision d'un pays démocratique de l'Europe de l'Ouest à pouvoir être captée sur la plus grande partie du territoire albanais. Les télévisions privées italiennes, qui diffusaient surtout des feuilletons, des matchs de football et des films porno, ne pouvaient jouer un tel rôle. On peut même dire, si paradoxal que cela puisse paraître, que l'influence du porno s'associait au puritanisme de l'idéologie marxiste-léniniste pour rompre l'équilibre moral de la société albanaise, et surtout défigurer les relations amoureuses normales en faisant de l'acte sexuel une obsession primaire. Cela venait de ce que la morale officielle avait fait de la sexualité un tabou. A l'automne 1982, alors que je venais de prendre mes fonctions de professeur de littérature étrangère à l'université de Tirana, j'ai entendu par hasard une bribe de conversation entre deux de mes collègues. Je la répète telle qu'elle m'est restée en tête, car elle me paraît tout à fait symptomatique.

— Tu as vu le film, hier soir ? demande l'une.

— Ah oui, arrête ! Ça me tue, des films comme ça ! lui répond l'autre, l'air très gêné.

— Comment ça ? reprend la première.

— Mon mari, quand il regarde des films pareils, il arrive au lit tout excité. Rien à faire pour le retenir !

L'autre lui jette un regard... disons envieux, et jette :

— Tu en as de la chance ! Moi, le mien, des films comme ça, c'est comme si on lui versait de la glace dans les veines. Quand on va se coucher, il ne me regarde même pas...

Et voilà. C'étaient deux professeurs d'université qui parlaient comme cela. Elles avaient toutes les deux de grands enfants, et leurs maris étaient des intellectuels. Il est aisé d'imaginer quelles émotions ces films pouvaient susciter dans les milieux modestes ou chez les adolescents ! Un jour que je discutais de ce phénomène avec un ami, il y a quelques années, il me répondit en riant :

— Ne t'en fais pas ! Au moins, avec des films comme ça, les familles albanaises accomplissent la grande tâche que leur a fixée le camarade Enver : elles font beaucoup d'enfants !

Ce sont surtout ces films qui sont responsables de la vision tout à fait fausse que les Albanais se font depuis des années de la liberté sexuelle affichée par l'Occident. C'est pourquoi une des premières désillusions qui ont bouleversé les réfugiés lorsqu'ils sont arrivés à Athènes, à Rome, à Paris ou à Bonn a été la difficulté pour ainsi dire insurmontable à mettre la main sur des femmes du pays. Il n'y avait qu'une chose dont les émissions de télévision étrangère n'avaient pas réussi à les convaincre : à l'Ouest, rien ne tombe du ciel, mais tout s'obtient à force de travail, avec cent fois plus de travail que dans leur pays, où l'on dit que les gens font semblant de travailler pour un Etat qui fait semblant de les payer.

Avec la chute de la dictature, l'image rose que les Albanais se faisaient de l'Europe manifesta son influence destructrice dans deux directions. Tout d'abord, elle avait développé insensiblement chez les gens l'impatience de vivre de manière tout à fait différente, de jouir du même confort que les Occidentaux. Cette impatience, soigneusement dissimulée pendant des années comme une maladie honteuse censée n'apporter des ennuis que si l'on en parle, devait se répandre sans aucun frein avec des conséquences dangereuses au moment précis où l'on obtenait la principale victoire : la liberté politique. On allait aussitôt exiger du Parti démocratique qui avait pris la tête des forces d'opposition qu'il garnisse les tables et les placards, qu'il dilate les appartements, qu'il allège les conditions de travail, etc. Sinon... Le Parti démocratique ne répondait pas à ces espoirs, et eux ne faisaient aucun effort pour expliquer comment on y parviendrait. Pour être plus précis, les gens n'avaient qu'une idée fixe : le Parti démocratique devait garantir l'aide de l'Ouest et celle de l'Amérique. De l'aide. Beaucoup d'aide. De tous les côtés, et pour tout. On aurait dit que le monde avait tout préparé, chargé des trains, des avions, des navires, et qu'il n'attendait que la bénédiction du Parti démocratique pour débarquer en Albanie. Cela se ferait en une nuit, comme si l'Europe donnait un coup de baguette magique. On vit soudain se développer une manie des "aides d'urgence". Qu'est-ce que trois millions de personnes pour le monde ? Personne n'avait plus contribué à faire naître cette manie que le régime communiste lui-même. Selon la définition d'Enver Hoxha, "l'aide de l'étranger n'a d'autre but que de réduire en esclavage les petits peuples en s'emparant de leur liberté et de leur souveraineté". La Constitution avait même prévu son interdiction. Quant au

Code pénal, on y trouvait, au chapitre des crimes contre l'Etat, un article traitant de l'agitation et de la propagande anticommunistes ; cet article incluait même la plus petite manifestation de mécontentement – que ce soit à mi-voix au lit avec votre femme ou au cours d'une promenade avec un ami – contre le principe de se développer en ne comptant que sur ses propres forces. La doctrine n'autorisait que l'aide internationaliste entre pays socialistes. Mais depuis l'été 1978, où la Chine, dirigée par Deng Xiaoping, avait entrepris des réformes libérales dans le domaine économique en particulier, et s'était donc "profondément engagée sur la voie de la dégénérescence capitaliste", "l'Albanie restait le seul pays socialiste au monde". Autrement dit, les PRINCIPES ne permettaient plus d'accepter aucune sorte d'aide ni de crédit. Le VIIe plan quinquennal (1980-1985), objet d'une propagande tapageuse comme on n'en avait jamais entendu, devait démontrer à la face du monde entier le triomphe de la politique économique consistant à compter sur ses propres forces. Le dictateur avait préparé avec soin l'arrivée à ce stade. En 1978, il avait rédigé et fait approuver par le Parlement une nouvelle constitution de plus de mille pages où il démontrait la primauté de cette voie de construction du socialisme marxiste-léniniste jusque-là inédite dans la pratique qu'il était en train d'imposer à l'Albanie. Connaissant un tant soit peu ses habitudes de dictateur, comment ne pas être pris d'un doute : s'agissait-il d'une réelle conviction, d'un point de vue d'avant-garde, ou d'un maître cynique tentant consciemment de mystifier le peuple, comme cela avait souvent été le cas ?

Il ne fallut que trois ou quatre ans pour constater que ce plan visait à prolétariser le peuple albanais en profondeur. Une fois la dernière vache qui restait aux familles de paysans confisquée en 1981-1982, il n'y avait plus ni en ville ni à la campagne la moindre forme de propriété privée.

Le peuple albanais tout entier se changeait en un peuple de salariés. “L'homme nouveau” se trouvait sous la dépendance complète de l'Etat. L'Etat, et l'Etat seul, comblerait tous ses besoins.

Cet Etat de dictature du prolétariat avait entrepris la tâche historique d'édifier le paradis terrestre dénommé SOCIALISME AUTHENTIQUE au pays des aigles altiers. Ceux-ci acceptaient de ne manger que de l'herbe, mais ne trahiraient pas les principes marxistes-léninistes. L'Etat devait produire et le pain, et l'acier, et les armes, et les médicaments... Cette conviction devait s'ancrer profondément dans la tête de tout Albanais dès qu'il commençait à balbutier ses premiers mots. Et pourtant, en marge du processus d'enracinement de cette mentalité nationale-socialiste, les blagues continuaient à fleurir. Enver Hoxha et sa dictature redoutaient tant ces blagues que le simple fait d'être surpris à en écouter une pouvait vous faire condamner à dix ans de prison comme “ennemi du peuple”. Aucun des autres pays ex-communistes n'avait jamais fait preuve d'une telle barbarie. C'est ainsi, dirais-je, que s'explique la racine tragique des blagues albanaises. L'une d'entre elles met en scène deux Albanais qui discutent de la pénurie de denrées alimentaires.

— Tu sais ce qu'il faut faire ? dit le premier. Déclarer la guerre aux Américains. Ils nous envahiront et après, ils seront bien obligés de nous donner à manger.

— Ça ne va pas ? répond l'autre. Imagine un peu que nous envahissions l'Amérique. Que pourrions-nous leur donner à manger, à tous ces gens ?

C'est dire que lorsque l'on racontait ces blagues à la fin des années soixante-dix, époque où l'on venait de voter la terrible constitution qui devait légitimer l'isolement total de l'Albanie face au monde, les gens arrivaient à trouver l'antidote en comptant sur leurs propres forces. Ces “antidotes” ont souvent une influence irrésistible dans un climat de dictature. C'est justement dans un tel climat, où le Parti et tous ses organismes civils et militaires visent à inculquer aux foules un complexe collectif aussi simpliste que primaire de supériorité sur les autres peuples, que ces foules développent un complexe d'infériorité marqué. On peut même dire que peu d'intellectuels ont échappé à ce complexe et qu'ils l'ont entretenu par une tendance indécente à se lamenter de façon défaitiste sur leur propre situation. Au cours de leurs débats d'"intellectuels", ils faisaient étalage de "connaissances" qui n'étaient que des lieux communs sur les autres systèmes, c'est-à-dire l'Europe, où leurs homologues avaient tout loisir de s'épanouir. C'étaient en fait ces discussions, plus que les réalités concrètes, qui donnaient corps à leurs désirs : l'information même dont ils se servaient venait, selon celui qui parlait, soit "d'une émission à la télé italienne", soit "d'un livre, mais je ne me souviens plus de son titre". Aucune dictature n'a rien à redouter d'un "non-conformisme" de ce genre. On peut d'autant moins parler de dissidence, comme ces gens se plaisent à dire. Au contraire. Dans son essence même, ce phénomène témoignait de l'ampleur du succès de la dictature stalinienne albanaise. Celle-ci démontrait qu'elle était parvenue à étouffer de vanité une bonne partie de ses citoyens les plus instruits, qu'elle était parvenue à faire germer en eux une mentalité d'impuissants ; en d'autres termes, et peut-être sans qu'ils en aient vraiment conscience, elle les avait convaincus de sa toute-puissance et même, pourquoi pas, de son immortalité.

L'impatience d'égaler l'Europe du jour au lendemain qui jaillit chez une foule de gens, y compris les "intellectuels", à la chute de la dictature est précisément liée à ce complexe d'infériorité.

— Là-bas, rien ne se fait. C'est un pays maudit ! déclaraient-ils d'une voix où la révolte le disputait au désespoir, en posant le pied sur le sol grec.

Ce qui ne s'était pas produit dans les premiers jours de juillet se produisait à présent : parmi ceux qui partaient se trouvaient de nombreuses personnes instruites, surtout la nouvelle génération des professeurs d'université et des techniciens de base. Alors que près de cinq mille réfugiés étaient encore enfermés dans les cours des ambassades, implorant une goutte d'eau au cœur de la canicule de juillet – sur l'ordre d'on ne sait toujours pas qui, on avait coupé les conduites –, un diplomate occidental dont j'étais assez proche me demanda de lui expliquer pourquoi il n'y avait pour ainsi dire aucun intellectuel parmi ceux qui ne supportaient pas de vivre dans ce pays ; sans réfléchir, je lui répondis, avec la certitude aveugle de ne pas me tromper :

— Les intellectuels ont conscience que c'est ici qu'on peut contribuer à l'avènement de la démocratie en Albanie !

Par la suite, je m'efforçai de lui expliquer en quoi l'émigration politique albanaise qui s'était implantée à Paris, à Bruxelles ou à Washington n'avait joué aucun rôle tangible dans la dissolution de notre dictature, à la différence de l'émigration politique des autres pays de l'Est. Nous en discutions au bar de la Ligue des écrivains ; ceux qui le suivaient étaient assis à la table voisine. Apparemment, il ne s'était pas encore habitué à les voir en permanence partout où il allait, car cela l'inquiéta énormément ; d'un simple mouvement des lèvres, ou presque, il me demanda de poursuivre la conversation dehors, en marchant. Moi et mes amis, nous avons toujours été surpris de voir que dans les très rares occasions où il nous arrivait de discuter, les diplomates occidentaux redoutaient bien plus que nous de parler contre le régime. Quand le hasard de nos lectures nous faisait découvrir l'activité des diplomates occidentaux dans les autres pays communistes, leurs dérobades à Tirana nous donnaient vraiment le sentiment d'être abandonnés par les pays démocratiques. Ce sentiment d'abandon se renforçait lorsque nous apprenions qu'une bonne partie des diplomates en poste chez nous, y compris les ambassadeurs, venaient de Mongolie ou d'un pays du même genre. On les envoyait à Tirana finir en paix une carrière pas particulièrement brillante. Pensait-on, dans les chancelleries européennes, que l'Albanie était un pays où il n'y avait rien à faire, où on ne pouvait ni ne devait travailler sérieusement ? Quelle que soit la réponse, elle n'est pas à l'avantage du renom démocratique de l'Europe.

Pourtant, pendant ces jours de juillet 1990, ce n'était pas ce sentiment d'être abandonnés par l'Europe qui empêchait les intellectuels albanais d'escalader les murs des ambassades. C'était autre chose. Etions-nous vraiment conscients de contribuer à l'avènement de la démocratie en luttant sur place ? Ou bien cette position révélait-elle le désarroi bien connu des intellectuels confrontés à une décision difficile ? Les événements des ambassades ont été inattendus et se sont développés brutalement en deux ou trois jours ; il y a donc tout lieu de penser que les intellectuels se sont trouvés pris au dépourvu, qu'ils n'ont pas eu le temps de peser toutes les conséquences de leurs actes. Ou encore, cette position révélait-elle une nature un peu timorée ? Ils savaient que leurs familles, au moins, subiraient des persécutions sans merci.

Toutes ces conjectures rapprochent petit à petit de la vérité. L'intellectuel albanais ne peut sortir tout à fait des paramètres strictement fixés par le climat politique dans lequel il a grandi, tout comme une zone climatique donnée ne peut permettre à une plante qui relève d'un climat tout à fait différent de pousser. C'est pourquoi les intellectuels albanais doivent s'accommoder de toutes les lacunes qu'ils présentent. Que Dieu nous pardonne, mais ils n'en sont pas responsables. Ceux qui entreprennent aujourd'hui de les juger sévèrement dans les pages des journaux européens comme si c'était le sommet de l'Olympe commettent une faute.

Dans le dictionnaire des vieilles malédictions albanaises, il en est une que les intellectuels albanais n'aimeraient pas lancer à leurs confrères européens : Partage mon sort, et tu me comprendras !

Alors, comment interpréter leur plainte lorsqu'ils disent que l'Albanie est un pays maudit et qu'on n'y fait rien de bon ? Bon nombre d'entre eux ont sincèrement cru que du moment qu'on n'avait vu apparaître aucun signe d'européanisation de l'Albanie en deux semaines de pluralisme légal, les dieux honteusement chassés en 1967 avaient condamné ce pays à ne jamais connaître d'autre sort que la pauvreté. Ce raisonnement mystique s'accompagnait curieusement d'un autre raisonnement tout à fait simpliste que la prise en charge de tout par des actes administratifs et non par des lois de développement interne avait fini par imposer à leur cerveau. Pendant une période assez longue, un raisonnement du même ordre se fit jour lorsque les gens protestaient contre le gouvernement communiste qui restait au pouvoir.

— Pourquoi ne rend-on pas la monnaie convertible ? Il n'y a qu'à virer les partisans d'Enver de la Banque d'Etat et du ministère des Finances ! Ils ne veulent pas que l'Albanie rejoigne l'Europe !

Au début, on choisissait volontiers la Grèce comme sas pour quitter le “pays de la pauvreté généralisée”. La Grèce était le seul pays des Balkans à avoir intégré l'Europe. Par bonheur, c'était aussi un pays limitrophe. La clôture de fil de fer barbelé qui avait séparé ces deux vieux voisins pendant près d'un demi-siècle était enfin tombée. Pour ceux qui partaient, voir enfin arrachée cette clôture encore meurtrière la veille était la seule victoire possible de la démocratie en Albanie. Les autres…

— Ah ! soupiraient-ils en rampant à travers les broussailles et la rocaille, pour éviter de tomber non pas entre les mains des gardes-frontières albanais, mais entre celles des Grecs. Les rôles avaient changé. A présent, pour eux, le danger était de l'autre côté de la frontière, là où l'on voyait jusqu'alors commencer la planète de la démocratie.

Et plus ils s'enfonçaient au cœur de cette planète, plus le danger augmentait. Si un grand pays riche ne pouvait être confronté sans mal à des dizaines de milliers de personnes affluant en quelques jours, avides de glaner quelques sous, la Grèce le pouvait encore moins.

C'est ainsi que le seconde effet néfaste de l'image du monde occidental construite par les Albanais au cours de leurs années sombres commence à se manifester. A Athènes, la place Omonia devient rapidement le théâtre de leur désespoir. Ils ne trouvent pas la vie facile et heureuse dont ils rêvaient. Tout est hors de portée : non seulement les voitures et les discothèques, mais même une paire de jeans, un blouson marqué Marlboro ou un magnétophone à cassettes, ou la simple possibilité d'envoyer une photo en couleurs aux mères, aux épouses, aux petites amies, aux copains, et même à ceux qui leur avaient déconseillé de suivre cette voie, pour leur faire voir. Une photo témoignant de leur richesse ! Ils ne veulent pas perdre la face. Ils ont fait une promesse... Ils sont prêts à vendre leurs bras pour trois fois rien ; cela provoque la colère légitime des indigènes, qu'on n'a pas habitués à vivre de l'assiette de lavasse que l'Eglise donne aux pauvres, et qui en sont incapables.

Ainsi, le premier désespoir des arrivants se change sans tarder en désillusion quant à l'Ouest en général. Ils ne peuvent absolument plus raisonner de sang-froid. Toute la fièvre des rêves qui les ont asservis pendant tant d'années revient avec une rage amère. Ici, personne ne veut de nous ! Ceux qui gagnent leur vie comme nous, par un labeur éreintant, ne veulent pas de nous. Ils ne cessent de nous jeter des regards hostiles. Ils sont prêts à nous bourrer de coups de poing. A nous larder de coups de couteau. Les patrons ne veulent pas de nous. Ils nous paient bien moins cher que leurs employés locaux et, ce qui est pis, ils nous méprisent ouvertement. Les fonctionnaires avec lesquels nous devons nous colleter pour remplir divers papiers ne veulent pas de nous. Ils nous font poireauter plusieurs jours pour une simple signature. Ils se paient notre tête. La police ne veut pas de nous. A la moindre incartade commise sans le vouloir parce que nous ignorons les règlements et les lois, ils nous donnent des coups de matraque sur la tête au lieu de nous expliquer ou de nous donner un conseil. Et il y a pis encore : ils nous chargent sur des camions et nous ramènent... en Albanie. Ils ne veulent pas utiliser le terme "PATRIE". Il est trop poétique, trop émouvant pour leur cœur à la torture. Le mot "PATRIE" n'exprime en rien le déchirement qu'éveille ce retour forcé dans leur pays. Tandis qu'"ALBANIE" est tout à fait concret dans sa pauvreté, dans son malheur.

Dès cette séparation, l'artère principale qui les relie à l'Albanie semble avoir été arrachée. Ayant pour la plupart appris à se soumettre à leur sort, ils commencent à s'adapter. La fierté albanaise louée dans les termes les plus choisis par Byron près de deux siècles plus tôt, alors que l'Albanie n'était qu'une province excentrée de l'Empire ottoman, se met à disparaître avec facilité. On comprend qu'à force d'être rongée de l'intérieur pendant toutes ces années, elle soit retournée au magasin des accessoires.

— Que faire ? Ils n'ont pas pitié de nous, balbutient-ils, comme pour tenter de se justifier à leurs propres yeux.

Et ils s'empressent de mettre à profit l'autre possibilité qui leur reste : se faire passer pour des opposants au régime communiste poursuivis par la police. Mais leur témoignage verbal ne suffit pas pour obtenir le statut de réfugié politique. Les autorités grecques exigent des documents. En effet, comment croire que près de quinze mille acteurs notoires de la démocratie albanaise aient cherché refuge au sein de leur ami le peuple grec ? Qui restait-il sur place pour faire avancer la lutte ? Au cours des premières semaines de janvier, le Parti démocratique fut confronté à une tâche imprévue. Des milliers de parents, de femmes, d'amis des réfugiés demandaient "une attestation des poursuites exercées par le Sigurimi sur l'un des leurs". Seul le sceau de ce parti était salvateur pour "ces malheureux lancés sur la grand-route au cœur de l'hiver".

Il ne fallut pas longtemps pour que l'Italie se mette aussi à exiger impérativement de telles attestations.

Comment fallait-il agir ?

Leur dire que ce n'était pas la bonne solution pour intégrer l'Albanie à l'Europe, qu'ils devaient revenir, que cela affaiblissait la démocratie que nous tentions d'édifier, qu'ils ne l'aidaient pas en partant ? Ils nous coupaient la parole :

— Arrête, on dirait Enver Hoxha ! On espérait mieux de vous.

Le Parti démocratique n'était donc démocratique qu'autant qu'il leur procurait ces attestations. Même si elles étaient fausses ?

— Et alors, fausses ! Qu'est-ce que ça vous coûte ? On nous a manipulés comme des bestiaux toute notre vie, et toi tu me parles d'une attestation qui tient en deux lignes…

— Mais en Europe, ça ne se fait pas, de mentir…

— Eh, nom de Dieu, ras le bol qu'on nous fasse la morale ! Il ne faut pas faire ceci, il ne faut pas faire cela…

Tous les efforts pour expliquer que nous, précisément, nous voulions extirper à la racine cette morale fallacieuse qu'avait semée la dictature étaient vains. Notre interlocuteur nous interrompait dès que nous ouvrions la bouche.

— Et nous qui vous faisions confiance !

La conversation s'interrompait là, et on voyait la personne partir en claquant la porte.

C'est l'expression "on nous a manipulés comme des bestiaux toute notre vie" qui explique le mieux où ils prenaient l'audace de présenter une telle demande, et de claquer la porte si on ne leur donnait pas satisfaction. Telles étaient les relations qui les liaient à la dictature. Au début, le fait de répliquer à l'amoralité du régime par l'amoralité individuelle était apparu en réaction ; il témoignait de leur impuissance à réagir autrement. Ensuite, de façon insensible et progressive, cette amoralité devient de plus en plus naturelle, jusqu'à faire partie intégrante du caractère de l'individu. Elle devient la marque de son intégration à la société où il vit. C'est pourquoi ces hommes et ces femmes, dont on ne peut vraiment pas dire qu'ils étaient honnêtes, ne voyaient pas du tout ce qu'il y avait de mal à faire ce qu'ils faisaient. Ils cherchaient à aider leurs fils ou leurs petits amis, et c'était tout. Dans leur esprit, la difficulté était que "les Grecs ne s'aperçoivent pas que c'était un faux". L'homme s'habitue donc à ne voir que le danger que ses actes présentent au jour le jour, et n'éprouve que très rarement le besoin de confronter ces actes avec sa conscience. Le caractère individuel est tellement modelé par ce trait particulier qu'il faudra assez longtemps à l'Albanie postdictatoriale pour changer cette mentalité. Peut-être faudra-t-il beaucoup plus de temps pour cela que pour changer la constitution, organiser des élections libres ou faire passer l'économie étatisée au privé. C'est un changement qui ne peut se faire par des mesures légales. Peut-être faudra-t-il au moins une génération.

Cependant, l'Albanie ne peut attendre l'émergence d'une autre génération pour se préparer à entrer dans l'Europe. Qu'ils deviennent comme ses fils ! Ils ont renversé la dictature. Et ils l'ont renversée avec beaucoup de dignité. L'Albanie est le seul des pays ex-communistes où le facteur externe n'a eu aucune influence directe sur le renversement de la dictature. Peuple étonnant ! En 1944, ils étaient moins d'un million, mais ils étaient les seuls parmi les peuples européens à avoir libéré leur pays entièrement par eux-mêmes. Aucune armée alliée n'a pénétré en Albanie. Qui plus est, les partisans albanais ont libéré une partie de la Yougoslavie. Avec des milliers d'entre eux, de jeunes Albanais et de jeunes Albanaises ont sacrifié leur vie hors des frontières de leur patrie à la poursuite des nazis. Ce sacrifice ne prouvait-il pas leur désir de s'unir à l'Europe ? Ce peuple petit et pauvre accomplit un haut fait de bravoure en se libérant sans l'aide de personne de la dictature hitlérienne. Par un vilain paradoxe de l'histoire, le même peuple se soumet aussitôt à une nouvelle dictature, encore plus féroce, la dictature stalinienne. Quinze ans plus tard, en 1960, ce peuple accomplit ce que n'ont pas fait les Hongrois quatre ans plus tôt : il arrache de ses épaules le joug russe. Le joug terrifiant des généraux soviétiques. Cette fois encore, il ne se libérait pas seulement lui-même. Pour les Soviétiques, et avec eux tout le pacte de Varsovie, l'Albanie était le seul débouché sur la Méditerranée. On comprend à quel point la base militaire de la baie de Vlora constituait une menace pour toute l'Europe. Les Albanais obligeaient les généraux à repartir en mer Baltique ou en mer du Nord avec leurs sous-marins, donnant ainsi une autre preuve de leur désir de s'unir à l'Europe démocratique. Autre paradoxe cynique de l'histoire, ce peuple conclut une alliance perverse avec la Chine de Mao Zedong, au moment précis où commençait là-bas la désastreuse Révolution culturelle. La troisième preuve de la capacité de ce peuple à accomplir des miracles s'est manifestée en décembre 1990. Ni Gorbatchev ni Bush ne peuvent se vanter d'avoir prêté la main à la chute de la dictature stalinienne la plus sauvage de leur époque. Ce peuple a tout fait lui-même. Mais y aurait-il un troisième paradoxe, un paradoxe indésirable, dans ce pays ?

De 1944 à 1960, l'Europe s'est montrée insensible au désir des Albanais, qui pourtant n'avaient cessé de leur rappeler ce désir. Ainsi, la partie du Vieux Continent où était née la démocratie et qui avait donné des leçons de démocratie au monde pendant des siècles avait, volontairement ou non, contribué à la survie d'une des dictatures les plus féroces dans l'une des contrées les plus anciennes de sa civilisation. Les Albanais étaient conscients de ce fait, mais sans parvenir à l'expliquer. Dès les années soixante-dix, peut-être, on se mit, ici, à faire ce commentaire cynique sur une situation aussi absurde : l'Europe a choisi Paris comme musée de l'homme et Tirana comme musée de la dictature. Bien sûr, un tel commentaire exprime une vive accusation contre l'Europe. Ce peuple voit en l'Europe un complice de la terreur qu'il subit. La propagande xénophobe intensive du régime renforce encore cette situation. C'est donc un miracle que ce peuple ne se soit pas mis à haïr l'Europe. Or non content d'échapper à une haine maladive, il lui a gardé une admiration intacte. C'est peut-être justement la propagande officielle qui a suscité cette admiration.

Toujours est-il qu'à la fin de 1990, l'Europe n'était plus celle d'avant ; mais surtout, les Albanais n'étaient plus ceux d'autrefois. La dictature avait laissé dans leur chair et dans leur âme tant de plaies qu'ils ne pouvaient plus rien endurer. Tout comme ils avaient eu assez de courage et d'intelligence pour les mépriser, ils auraient assez de courage et d'intelligence pour percer une brèche et laisser entrer la lumière de la démocratie véritable. Les faits semblent aller à l'encontre de cette affirmation. Rien que pendant les deux ou trois premiers mois de liberté, près de vingt-cinq mille Albanais se rendirent en Grèce ; là-bas, sans trop hésiter, ils se mirent à changer de nom et à dissimuler leur nationalité pour se faire accepter plus facilement par les habitants. Près de vingt-cinq mille autres prirent d'assaut des bateaux qui mouillaient dans les ports albanais et se ruèrent sur les côtes italiennes. En arrivant, ils menacèrent de faire la grève de la faim si on ne leur fournissait pas rapidement maison et travail. Il y avait parmi eux des milliers de femmes et d'enfants. Des dizaines de milliers d'autres étaient éparpillés à travers l'Europe avec des visas en règle et s'y étaient installés pour de bon. Puisque l'Europe tardait à venir à eux, ils allaient à l'Europe. Etait-ce la voie la plus courte pour goûter à la démocratie ? Cette propension à quitter le pays était si forte que lorsque le président Ramiz Alia partit le 15 septembre 1991 pour la Finlande signer l'acte final d'Helsinki, puis pour la France pour la charte de Paris, les gens disaient plus ou moins en riant qu'il ne reviendrait pas.

L'Albanie n'allait-elle pas se vider ? Telle était la question adressée le plus souvent, tantôt avec cynisme, tantôt avec stupeur, par les observateurs étrangers. Quand comptez-vous repartir ? demandai-je sans malice à deux journalistes de la BBC quelques jours après les événements du 31 mars 1991.

— Nous accompagnons votre président ; nous allons être les deux derniers habitants de ce pays ! me répondirent-ils.

— A qui allez-vous laisser l'Albanie ? demandaient avec beaucoup d'anxiété les Albanais du Kosovo et ceux de la diaspora, que le régime avait maintenus loin de chez eux sans parvenir à leur arracher leur patrie du cœur.

En vérité, qu'allait devenir l'Albanie ? Quel sens ce peuple donnait-il au slogan “L'Albanie comme le reste de l'Europe” ?

Un peuple de trois millions d'habitants se sent petit. Surtout quand il se compare aux autres. Un soir aujourd'hui lointain, mon fils, alors âgé de sept ans, fut stupéfait d'entendre à la télévision que Budapest comptait à elle seule trois millions d'habitants.

— Ouah, papa ! Autant que toute l'Albanie ! s'écria-t-il. Il ne parvenait pas à le croire. Dans son imagination d'enfant, il était impossible qu'il y ait autant de monde à l'intérieur d'une ville que dans un pays entier. Lorsque je lui dis qu'il y avait dans le monde des villes grandes comme quatre fois l'Albanie, cela lui parut encore plus incroyable.

Cette sensation d'incrédulité touche aussi les adultes quand ils voient l'ampleur des raz de marée que ce peuple est capable de produire simultanément. Tous les jours, avec visa, sans visa, avec des visas trafiqués, des centaines de gens se dirigaient vers l'Ouest par tous les moyens. Pleins d'optimisme. D'autres revenaient en grinçant des dents. A la mi-septembre 1991, les diplomates occidentaux en poste à Tirana estimaient qu'il devait y avoir dans leurs pays environ trois cent mille Albanais. En neuf mois, près d'un dixième de la population était donc parti. En Albanie, il y en avait au moins autant qui restaient chez eux sans le moindre sentiment patriotique, mais seulement par impossibilité de se joindre aux autres. Pourtant, il restait encore assez de gens pour remplir les meetings enflammés du Parti démocratique et les anti-meetings historiques du Parti du travail ; il restait assez de gens pour grossir les rangs du Parti démocratique comme pour fonder l'Union des activistes volontaires "Enver Hoxha", le Parti agraire, le Parti de l'unité nationale, le Parti social-démocrate, le parti... plus de dix partis reconnus légalement, et qui sait combien d'autres en attente de reconnaissance légale ; il restait des gens pour fonder non pas une, mais simultanément deux ou trois associations d'amitié avec l'Allemagne ou l'Amérique, la France ou l'Angleterre. Et il restait toujours des gens. Il en restait même pour l'Association d'amitié avec Cuba et la Corée du Nord. Avec un tel foisonnement d'associations, on n'a pas du tout l'impression d'avoir affaire à un peuple de trois millions d'habitants.

Tous crient dans les meetings et les réunions de leurs partis ou de leurs associations que l'Albanie doit ressembler au plus vite à l'Europe. Ceux qui partent et ceux qui n'arrivent pas à partir. Les démocrates et les volontaires "Enver

Hoxha". Les amis des Américains et ceux des Coréens. Tous.

En même temps, beaucoup d'entre eux vilipendent l'Europe. L'Europe n'est pas assez proche de nous, se lamentent les démocrates. L'Europe nous traite comme des citoyens de seconde zone, se lamentent les réfugiés. L'Europe nous a fermé ses portes comme si nous étions des bêtes féroces, se lamentent ceux qui n'arrivent même pas à obtenir un visa ni à franchir illégalement la frontière. L'Europe, comme toujours, fait le jeu des Serbes ; elle cherche à ruiner l'Albanie par l'intermédiaire de ses agents au Parti démocratique, vocifèrent les partisans d'Enver. L'Europe empêche l'Amérique de nous aider, crient les amis de l'Amérique. Ce sont les Américains qui retiennent l'Europe, contre-attaquent les anti-Américains. Alors, comment l'Albanie va-t-elle pouvoir s'européaniser ?

On ne parviendra à l'Europe qu'en suivant le Parti démocratique ; l'Europe sait bien que c'est lui la force politique qui a renversé la dictature et mis fin au long isolement de l'Albanie. Nous sommes les seuls en qui l'Europe ait confiance, affirment les démocrates. Le Parti du travail s'est rénové. Son programme est à présent celui d'un parti véritablement socialiste. Et n'oublions pas que les socialistes sont au pouvoir dans les principaux pays européens ; seul notre parti peut conduire à l'Europe, insistent les communistes. Nous sommes les seuls à avoir embrassé les traditions républicaines de l'Europe, et les seuls capables de les mettre en œuvre en Albanie, proclament les républicains. Il y a un demi-siècle que l'Europe héberge le roi Leka Ier chassé par les communistes. C'est pourquoi permettre au roi de revenir et unir le peuple autour de sa personne établira en profondeur le lien vital entre l'Albanie et l'Europe, prétendent en haussant chaque jour le ton les partisans de Leka Ier qui ont réussi, à la mi-août 1991, à se faire reconnaître comme parti légal après avoir insisté pendant des mois. L'Europe ne nous acceptera que si nous épurons l'Albanie de tous ceux qui ont aidé, de gré ou de force, la dictature à régner aussi longtemps. Il y en a au moins un million à passer par les armes, et nous sommes les seuls à pouvoir accomplir cette épuration. Nous avons donc le devoir historique d'introduire une inspiration européenne sans tache dans ce pays. Alors faites-nous confiance, grincent les extrémistes, parmi lesquels, bizarrement, on trouve pas mal de rejetons d'ex-fonctionnaires de l'ancien régime.

L'arrivée du pluralisme a coïncidé avec le début de la campagne électorale fixé quelque temps auparavant ; si bien que la question de l'européanisation de l'Albanie a aussitôt pris place en tête des programmes électoraux des partis politiques. Outre la question de savoir qui parlait sincèrement ou par démagogie, cette authentique aspiration du peuple entra dans le jeu politique pour le pouvoir que menaient les partis entre eux. La propagande embouchait toutes ses trompettes sur ce point. Comme on le comprend, le Parti du travail encore au pouvoir grondait le plus fort, puisqu'il disposait de tous les moyens de mener une propagande intensive. Il avait les deux quotidiens nationaux rien qu'à lui, toujours subventionnés par l'Etat, ce qui leur permettait de se vendre trois fois et demie moins cher que le journal récemment créé par le Parti démocratique – en dépit de nombreuses demandes, celui-ci ne paraissait pas plus de deux fois par semaine, sans pouvoir se permettre un tirage illimité à cause "du manque de papier et des capacités limitées des imprimeries". Il avait la radio et la télévision ; il refusait de relâcher son contrôle sur elles, même si des centaines de milliers de personnes avaient demandé au cours de meetings aux quatre coins du pays que ces institutions échappent à l'emprise du Parti. Deux manifestations spéciales avaient même eu lieu devant le bâtiment de la radio-télévision pour le demander, l'une en mars, c'est-à-dire au cœur de la campagne électorale, l'autre en août 1991. En vain. Il avait une structure organisationnelle qui serrait de près toutes les cellules de la vie du pays. Je n'ai jamais vu les apparatchiks se démener autant que pendant cette période. Pressentir l'approche d'un danger menaçant leur existence transformait comme par magie ces hommes en pleine santé. Ils arrachaient comme un masque funeste leur visage de gens tout-puissants et contents d'eux-mêmes et, tout en s'efforçant de rester sûrs d'eux, car cela pouvait influencer le peuple, ils se montraient soudain très affectueux envers tout le monde et disponibles en permanence. Pour couronner le tout, ce parti avait à son service le Sigurimi, qui savait utiliser à la perfection les menaces voilées.

Cependant, toutes ces forces politiques, d'un côté comme de l'autre, avaient hâte de montrer au peuple avec quel sérieux elles travaillaient à intégrer l'Albanie à l'Europe. Dès le matin du 12 décembre, après avoir dormi quatre ou cinq heures pour récupérer un peu, ceux qui avaient donné son nom au Parti démocratique se réunirent à nouveau avec d'autres amis, à la Cité universitaire, pour établir le programme de ce jeune parti. Il fallait le remettre le plus vite possible, avec la demande de reconnaissance légale, au ministère de la Justice. Aucun d'entre eux ne savait quelles seraient les tendances de ce parti. Mais tous avaient une seule certitude : il n'aurait rien de communiste. Aucun d'entre eux ne savait comment on établit le programme d'un parti. Aucun d'entre eux n'avait même jamais lu le programme d'un parti. Jusqu'à la veille au soir, aucun d'entre eux n'aurait pu s'imaginer en train de faire une chose pareille. Aucun d'entre eux n'était juriste. Par chance, en plus de leur bonne volonté inébranlable, ils parlaient tous des langues étrangères ; et là se trouvait la solution. On n'avait pas le temps de demander les programmes des autres partis européens. D'ailleurs, on n'en trouvait les textes qu'à la bibliothèque du Comité central du Parti du travail, où ils savaient ne pas avoir accès. Mais dans leurs bibliothèques personnelles, ils avaient la Déclaration universelle des droits de l'homme et des libertés de l'ONU et d'autres documents des conférences de la CSCE. Finalement, que pouvait-on demander à un parti de réaliser de plus que ce qui figurait dans ces actes ?

Ce raisonnement suffisait pour qu'on se mette sans tarder à en traduire les principes fondamentaux. Imaginez le programme d'un parti qui deviendrait trois mois plus tard le principal prétendant à la prise du pouvoir s'ouvrant sur ces mots : "Le Parti démocratique s'engage à lutter pour l'accomplissement total des droits de l'homme." Cependant, un doute avait surgi. Ceci n'était pas un vrai programme. Pour faire plus sérieux, donc, on l'intitula "programme minimal du Parti". Le terme "minimal" sauvait la mise : pour l'opinion publique du pays et à l'étranger, cela voudrait dire que nous établirions un autre programme plus complet par la suite. Sur le coup, je n'y pris pas garde, mais en relisant ce programme minimal à tête reposée, j'éprouve une sorte d'amertume à voir que ce n'était pas une traduction fidèle, mais une reformulation du texte d'emprunt. Sans le vouloir, nous lui avions adapté le style du réalisme socialiste. Même avec un contenu tout à fait opposé, notre langage ne différait pas de la langue dans laquelle étaient rédigés tous les textes politiques en Albanie. Tous les points du programme commençaient par "LUTTER". Je me souviens d'avoir lu dans un roman de Kundera un commentaire très juste sur l'emploi particulier de ce verbe dans la langue de bois des régimes communistes. C'est sans aucun doute un des mots clés pour comprendre le diktat violent que ces régimes imposent à toutes les relations sociales. Pour un Occidental, bien sûr, cela peut paraître surprenant et même risible de lire, dans un des endroits les plus en vue de la capitale, deux panneaux géants côte à côte : "Luttons pour renforcer la souveraineté de la Patrie !" et : "Luttons pour renforcer l'harmonie au sein de la famille !" Tandis que nous, élevés dans un tel décor, cela ne nous faisait plus aucun effet. Nous étions nous-mêmes habitués à employer partout le verbe "LUTTER". Par la suite, je finis par sourire avec ironie de moi et de mes amis. Dans ces circonstances très tendues, nous nous étions appliqués de toute notre âme à faire figurer au cœur de ce programme un appel à la paix et à la concorde définis comme les attributs indispensables de la véritable démocratie. Mais nous avions exprimé ce contenu dans une langue bourrée de termes guerriers. Nous avions tant de schémas à abattre dans notre propre tête avant de pouvoir vraiment aider le pays à rallier l'Europe !

En tout cas, prendre appui sur ces documents était fondamental ; cela témoignait de l'orientation ferme et irréversible qu'allait adopter ce nouveau parti : l'Europe.

L'apparition de ce parti comme tel allait avoir une influence sensible et positive sur les autres forces politiques du pays ; surtout sur le Parti du travail qui, soudain confronté pour la première fois en cinquante ans d'existence à une opposition réelle, se hâta de s'adapter à la situation nouvelle. Deux semaines après la proclamation du pluralisme, le 25 décembre, ce parti se réunit en Conférence nationale extraordinaire et pour la première fois en quarante-cinq ans de pouvoir, exposa un programme électoral. Dans ce programme, on relevait à plusieurs reprises l'influence (le pompage !) du programme du Parti démocratique. Ramiz Alia avait l'air très content de lui lorsqu'il en donna lecture. Cette scène fut retransmise intégralement par la radio et la télévision et publiée de même non seulement dans tous les journaux du lendemain, mais aussi dans les périodiques qui sortaient plus tard dans la semaine. Par le regard qu'il jetait alors à la caméra, Ramiz

Alia avait l'air de nous dire : Vous voyez ? Non seulement je suis l'homme du jour en Albanie, mais aussi celui de demain. J'ai des assises solides, ce n'est pas vous qui me renverserez. Où avez-vous appris à faire de la politique ? La politique, c'est un métier, c'est un art. La politique, moi, je m'y connais. La manière dont il déclara dans ce discours que "le Parti n'avait pas l'intention d'abandonner son idéologie marxiste" allait aussi très bien avec cet air. Il n'avait fait qu'une petite retouche : il avait ôté le mot léniniste. De même qu'en Chine on avait vu un indice de libéralisation dans le fait que Hu Yaobang avait abandonné le costume mao, de même, espérait-il, on verrait dans cette retouche un indice du changement que subissait son parti.

Un peu plus loin dans le même texte, Ramiz Alia indiquait que sous la conduite de son parti – c'est-à-dire sous sa conduite à lui – "notre pays allait droit vers l'Europe, avec la conviction et la volonté de s'unir à elle et de s'y intégrer". Encore une fois, comme le programme sur lequel se présentait ce parti était tout à fait éclectique, le fait que ses dirigeants se sentent obligés de s'abaisser à l'établir était sans doute un succès du jeune Parti démocratique dans le but qu'il s'était fixé : intégrer l'Albanie à l'Europe.

Le Parti du travail voulait avant tout s'acheminer vers l'Europe en préservant l'idéologie marxiste, c'est-à-dire sans porter atteinte à la dictature du prolétariat. Une telle déclaration enflamma terriblement le sang des foules. Au cours des meetings, beaucoup de gens demandèrent qu'on déclare immédiatement le Parti du travail hors la loi, comme trop dangereux pour le présent et l'avenir de l'Albanie. Hors la loi ! Sans aucune hésitation. Et lorsqu'on leur demandait comment on pouvait déclarer hors la loi un parti qui détenait la totalité du pouvoir, ils répondaient sans se casser la tête à réfléchir :

— Nous, on sait comment le mettre hors la loi…

— Comment ?

— Pas par le dialogue, bien sûr, comme vous dites.

— Mais ce n'est pas démocratique. L'Europe elle-même a des partis communistes légaux...

— Hé hé ! pouffaient-ils, interloqués, en entendant le mot Europe. Si l'Europe les autorise, c'est qu'elle n'a pas encore éprouvé ce qu'ils valent au pouvoir. Hé hé !

Un tel climat se prêtait parfaitement à la floraison de tous les courants de droite, parmi les plus extrêmes. Ces jours-là, je repensais souvent à une conversation que j'avais eue avec Kadaré, et je la rappelais souvent à mes amis. Cela doit remonter à quelques jours avant les événements de Roumanie, au moment où les dirigeants albanais avaient été pris d'une véritable hystérie, répétant à propos de tout et de rien la conclusion de Ramiz Alia : Ce qui s'est produit à l'Est n'arrivera jamais en Albanie, car l'Albanie a suivi un itinéraire politique et idéologique qui n'a rien de commun avec celui de ces pays. Si l'Est a basculé, c'est parce qu'il y a longtemps qu'on a trahi le communisme là-bas.

— Quelle bande d'aveugles ! grommelait Kadaré, tandis que nous marchions en compagnie de Preç Zogaj sur le trottoir du boulevard des Martyrs-de-la-Nation. Ils veulent vraiment parachever la destruction de l'Albanie, mais ils se préparent une fin bien plus terrible que celle des dirigeants des autres pays de l'Est, à force de placer le peuple albanais dans une situation qui en fait le peuple le plus anticommuniste au monde !

Ainsi, pour pouvoir s'en tenir dès le début à l'idéal d'intégrer l'Albanie au développement démocratique et pacifique de l'Europe, le Parti démocratique dut se heurter violemment dès le début de son existence non seulement à l'extrême gauche des partisans d'Enver, mais aussi à l'extrême droite. Il eut le mérite de comprendre rapidement le caractère dangereux de la revanche de la droite. Si la droite manipulait le mouvement populaire massif qui avait mis fin à la période de dictature, l'Europe se détournerait sûrement après avoir tourné le regard en direction de l'histoire nouvelle qui s'écrivait dans la petite Albanie. La confrontation avec la droite était beaucoup plus délicate que celle avec la gauche. A présent, tout le monde était contre la féroce gauche stalinienne ; au contraire, si on parlait de la droite, on risquait à tout moment de se faire interrompre :

— C'est comme ça que parlait Enver Hoxha. On ne veut pas le savoir !

Et les sifflements démarraient aussitôt. Il fallait alors quitter la tribune en bafouillant de désespoir. C'en était fini de toute crédibilité... La perte de confiance envers la personne se doublait d'une perte relative de la crédibilité que le Parti démocratique avait su acquérir.

La possibilité de perdre, d'échouer était plus grande que celle de vaincre ; pas seulement lorsqu'il s'agissait de parler contre l'extrême droite, mais en toute circonstance, dans toute entreprise. L'Europe restait quelque part au loin, toutes frontières fermées à l'Albanie. Il fallait vraiment des troubles graves pour qu'un journaliste ou un cameraman vienne à Tirana ; ou, de temps en temps, quelque fonctionnaire des Affaires étrangères, habituellement de deuxième catégorie, qui repartait convaincu d'avoir saisi ce qui se passait en Albanie. Il croyait que pour faire le rapport qu'on lui avait demandé, deux ou trois discussions au bar douillet de l'hôtel Dajti avec des activistes souvent occasionnels des partis politiques – parmi lesquels bon nombre se contentaient d'exposer à l'étranger leurs mérites personnels – étaient suffisantes. Il était normal que de tels rapports échouent à mettre en branle les pesants gouvernements européens. Mais pour nous Albanais, qui avions voué pendant des années la plus grande adoration à la haute efficacité de l'Occident, l'attitude de missionnaires qu'ils adoptaient n'avait rien de normal. Nous découvrions que le socialisme n'était pas le seul à dresser ses citoyens à travailler pour la forme et à défiler en rangs. Ceux de l'autre école savaient eux aussi se montrer insensibles aux petites choses et même aux grandes, ce qu'est de toute évidence le drame d'un autre peuple, même si celui-ci ne compte que trois millions d'habitants.

De semaine en semaine, de mois en mois, comme un torrent de montagne qui ne cesse de grossir de manière invisible, la vague de désillusion à propos de l'Europe augmentait. Parce qu'elle était trop fascinante, celle-ci restait indéfiniment un mirage pour les malheureux habitants de ce coin des Balkans. Un millier de questions nous passaient par la tête. L'une d'elles surtout était particulièrement dérangeante :

— Et si l'Europe avait décidé une fois pour toutes de nous laisser à l'écart de ses processus d'intégration ?

C'était une question inévitable. Si l'on excepte quelques aides humanitaires d'urgence, les riches pays d'Europe ne tendaient pas la main vers l'Albanie. Cela dura jusqu'à l'exode des 8 et 9 août : l'Italie, confrontée à une véritable invasion de gens désespérés qui débarquaient dans ses ports méridionaux avec un sac en plastique, comme on put le voir dans les journaux télévisés, fut obligée d'accorder à l'Albanie un fonds de trente milliards de lires pour une période de quelques mois. Si les politiciens européens désiraient sincèrement intégrer l'Albanie à la vie paisible du continent, ils ne devaient pas permettre que sa crise complexe dure indéfiniment sans espoir. S'ils ne se le rappelaient pas, d'autres s'en souviendraient. Ces hommes autoritaires de Bonn, de Paris, de Rome, de Londres, de Stockholm, de Vienne, de Madrid savaient-ils que l'Albanie était, à part la Turquie, le seul pays d'Europe à compter soixante-cinq pour cent de musulmans dans sa population ? S'étaient-ils rendu compte qu'un pays islamique était prêt à verser à lui seul une aide d'un milliard de dollars pour qu'on y construise des mosquées ? Réfléchissaient-ils au fait que cette forte somme venue d'un pays chaud pouvait semer la graine dangereuse de l'intégrisme islamique ?

Les intellectuels retournaient ce genre de questions dans leur cerveau anxieux, non seulement pendant les premiers mois du pluralisme, mais aussi par la suite, lorsque les élections, terminées, eurent stipulé que le sort du régime devait rester encore un certain temps entre les mains des communistes. Le peuple, lui, raisonnait tout à fait différemment. Comme le veut la mentalité albanaise, les gens se considéraient comme coupables de ce qui arrivait.

— L'Europe n'a vraiment pas tort de nous avoir tourné le dos, disaient-ils. Nous avons passé notre vie à l'injurier, et rien qu'à l'injurier. Nous n'avons jamais dit un mot aimable sur elle.

Il y avait de quoi rire et de quoi pleurer en même temps. On parlait de l'Europe comme d'une veuve vieillie qui compense sa beauté perdue par le pouvoir que lui confèrent les enfants solides qu'elle a élevés, mais sans jamais oublier ceux qui lui ont parlé de morale dans sa jeunesse.

Que faut-il faire pour séduire de telles femmes, pour adoucir leur rancœur ?

La Grèce et l'Italie étaient les deux principaux points de communication des Albanais avec l'Europe. Et les choses se passèrent de façon très différente dans les deux cas.

Après avoir pour la plupart échoué dans leur tentative de se faire admettre comme victimes de persécutions politiques chez leurs vieux voisins hellènes, les réfugiés décidèrent d'adopter un profil bas et d'accepter n'importe quelle condition. Ils se défirent avec la plus grande insouciance de leur nationalité. Des dizaines de milliers de personnes, de purs Albanais par leurs grands-parents et arrière-grands-parents, se découvrirent soudain grecs. Des Grecs dénationalisés de force par la dictature communiste. Outre le fait qu'elle leur permettait de justifier le fait de ne pas parler un traître mot de grec, cette dernière explication visait aussi à frapper dans la population locale les sentiments fortement nationalistes qui distinguent les Grecs. En observant d'où venaient ces gens, on découvrait que la minorité grecque ne s'étendait pas seulement à quelques villages du Sud, mais à toute l'Albanie. Et qu'en Albanie la minorité, ce n'étaient pas les Grecs, comme le prétendaient les statistiques du recensement de la population, mais les Albanais eux-mêmes.

Ils virent cependant que cela ne suffisait pas tout à fait. En raison même de la composition de la population, avec près de deux tiers de musulmans, beaucoup d'Albanais portaient des noms provenant de cette religion. Mais il apparut que les Grecs, à cause de leur vieille hostilité envers les Turcs, étaient allergiques aux noms musulmans. Ça aussi, ça peut s'arranger, disaient les Albanais. Il ne faut pas nous confondre ! Et ils changeaient de nom et de religion avec la même insouciance qu'ils auraient mise à changer un costume démodé. A la fin de juillet 1991, j'ai eu l'occasion de parler avec un voisin parti vivre dans la banlieue d'Athènes depuis plusieurs mois, et qui était revenu passer une semaine auprès de sa vieille mère.

— Comment ça va, Teufik ? lui demandai-je, vraiment content de le revoir après tout ce temps.

— Je ne m'appelle plus Teufik, me répondit-il en souriant à travers des dents qui avaient commencé à tomber dès avant son départ ; c'était le sourire incertain d'un enfant pris en faute. Je m'appelle Théophile, ajouta-t-il.

Comme, apparemment, je ne restais pas assez imperturbable devant ce que j'entendais, il se hâta de préciser :

— C'est le même nom, mais grecquisé. "Théo" veut dire Dieu. "Phile" veut dire fils. "Fils de Dieu", tu comprends ? Et il sourit encore, toujours sans raison.

Ceux qui avaient de l'argent en demandaient encore plus que ces malheureux qui cherchaient à se faire adopter par le dieu des chrétiens. Au fond, avec de l'argent, on arrive à tout ; et dans les Balkans, on dit que personne n'a le porte-monnaie plus serré que les Grecs. Dans la situation à laquelle ils étaient réduits, les Albanais ne pouvaient plus insister pour choisir leur travail ni réclamer une paie plus élevée que celle qu'on leur donnait. Ils n'étaient que des esclaves tout juste libérés de leurs chaînes ; il leur fallait tout accepter avec humilité, comme un cadeau. Tragique. Cela se passait dans le seul pays balkanique à prendre part à toutes les instances européennes, instances qui s'efforçaient de faire respecter les droits de l'homme sur tout notre continent et au-delà. Qui devait défendre ces malheureux Albanais ? "Albanie, terre sans continent", avait écrit près d'un an auparavant le poète Preç Zogaj, alors que l'Albanie était exclue de la conférence de Paris en octobre 1990. Dès la mi-juin 1991, l'Albanie était devenue membre à part entière de la CSCE. Cela avait-il fait d'elle une terre avec continent ? Ou restait-elle un îlot isolé ? Cette mentalité de soumission totale à l'étranger, qui disposait de l'argent dont rêvaient les Albanais, ne se remarquait pas que chez de simples citoyens ; on l'observait aussi chez ceux qui constituaient l'équipe gouvernementale dite de stabilisation nationale. L'Albanie avait désormais son ambassadeur à la CSCE. Pourtant, le gouvernement n'avait pas le courage de protester auprès de cette assemblée contre le traitement inhumain que la Grèce infligeait aux réfugiés albanais, ou contre ce qui se fit les 8 et 9 août 1991 en Italie : on enferma plus de dix mille personnes dans le stade de Bari et on les y garda quatre jours d'affilée, sous un soleil de plomb, selon la méthode même qu'avaient utilisée les conquérants du Nouveau Monde pour dompter les troupeaux de bovidés sauvages en Amérique. Etait-ce le gouvernement albanais qui pensait devoir se soumettre aux gouvernements auxquels il avait demandé de l'aide pour réaliser ses propres programmes, ou étaient-ce ces gouvernements qui pensaient qu'on n'accorde de l'aide qu'à celui qui se soumet ? Dans un cas comme dans l'autre, les conséquences tragiques pèsent sur des gens simples, ceux qui ont couvert les rues et les places pendant les manifestations et les meetings contre la dictature et qui traversent maintenant une période de commotion compréhensible, avant de s'adapter à leur nouvelle situation de liberté. C'est tragique.

Mais au fond d'eux-mêmes, ces gens qui quittaient leur pays étaient aussi conscients de choisir un sort tragique. Le peu de fierté qu'ils avaient gardé caché quelque part dans leur caractère défait ressemblait plus à une maladie qu'à une vertu. Il ne ressortait que lorsqu'ils communiquaient avec leurs familles restées en Albanie. Je cite dans ces notes un passage d'un reportage rédigé pour *Rilindja demokratike* du 31 juillet 1991 par l'écrivain Pëllumb Kulla, après un voyage en Grèce.

“Un médecin téléphonait à sa femme qu'il travaillait dans un hôpital de Janina, et il ne mentait pas. Seulement, il ne disait pas non plus la vérité : dans cet hôpital, lui, médecin, il travaillait à la morgue à transporter les cadavres. Et en donnant de ses nouvelles, il ne mentait pas non plus en disant qu'à transporter les morts, il était bien mieux payé que pendant toute une vie passée à arracher les gens à la mort avec son bistouri.

“Voici approximativement la révélation tragi-comique du travail qu'ils font, et la traduction enjolivée qui parvient à l'oreille des mamans :

“Agent d'entretien : je travaille comme responsable de l'esthétique dans une entreprise.

“Presse-bouton : je travaille comme inspecteur de l'éclairage dans un hôtel cinq étoiles.

“Manutentionnaire à la poste : je travaille au centre de répartition de la presse de luxe.

“Manutentionnaire dans un supermarché : débitant de biens de première nécessité.

“Gâcheur de mortier : agent de régulation des pourcentages dans les matériaux de construction.

“Comique en forme de tragédie. Si nous le croyons, c'est que nous voulons bien le croire. C'est aussi parce que nous savons qu'ils sont là, seulement quelques centaines de kilomètres plus loin. Depuis qu'ils sont passés, il y a quelques semaines, de l'autre côté de l'arc-en-ciel, nous croyons qu'ils ont plus de biens, de culture, de savoir, de beauté. Tout cela, nous ne l'avons pas révélé aux Grecs, mais les Grecs ont bien su s'en rendre compte et en tenir compte.”

Au contraire, en Italie, les réfugiés connaissaient une situation tout à fait inverse. Là-bas, ils éprouvaient le besoin de déployer encore plus d'orgueil qu'ils n'en avaient réellement. Ils savaient rappeler aux autorités locales les principes des accords internationaux sur les droits de l'homme que le gouvernement italien avait signés. Ils savaient aussi menacer, même par la grève de la faim. Voyant que leurs menaces n'étaient pas prises au sérieux, voyant, donc, que la réalisation de leurs désirs traînait au-delà de ce que permettait leur patience épuisée dès le début, ils montraient qu'ils n'avaient qu'une parole : ils commençaient la grève promise. Ils allaient plus loin : quand la police croyait les avoir calmés, ils montraient qu'ils étaient plus têtus qu'ils n'en avaient l'air. Ils sortaient dans les rues. On vit alors que la police italienne, une des plus entraînées aux affrontements avec la Mafia et les autres formes de terrorisme, n'était pas des plus aptes à en découdre avec des foules qui jetaient des pierres.

Je n'ai jamais réussi à comprendre pourquoi les réfugiés d'Italie ressemblaient si peu à leurs frères installés en Grèce. Pour arriver dans la péninsule apennine, ils s'étaient emparés dès le début de bateaux et avaient forcé l'équipage à gagner la haute mer. Ensuite, pour finir, ils avaient à moitié pris d'assaut les ports italiens de Bari et de Brindisi.

Ceux de Grèce, au contraire, avaient rampé à travers les broussailles ou falsifié des visas. Peut-être la manière dont ils avaient franchi la mer leur avait-elle donné l'illusion qu'ils pourraient continuer à décider eux-mêmes de leur sort. Peut-être prenaient-ils l'attention, la souffrance et le regret exprimés par les gens sur place pour une incapacité à se défendre devant l'affluence albanaise. Sans même avoir salué les maîtres du pays, un certain nombre d'entre eux commencèrent à demander d'une voix assurée un travail facile et bien payé, une maison confortable avec un loyer modique ou, pourquoi pas, gratuitement. Ils se mirent à choisir eux-mêmes la ville où ils avaient envie de vivre. Ils adoptèrent aussitôt l'attitude de matamores qui n'ont pas quitté leur pays pour satisfaire des besoins modestes.

A qui la faute, si des relations inégales s'établirent en Grèce ? Aux Grecs qui imposaient aux réfugiés albanais des contraintes indignes des citoyens d'une démocratie, ou aux réfugiés albanais qui se soumettaient avec une insouciance primitive aux patrons ? A qui la faute, si l'entente ne put s'établir rapidement entre les réfugiés et les habitants, aux Albanais débarquant quasiment de force pour se faire payer une dette ancienne, ou aux Italiens les interpellant *per carità* ? Ces exodes systématiques contribuaient-ils à rapprocher l'Albanie de l'Europe ou y faisaient-ils obstacle ? Le fait que tous les partis politiques utilisent avec le même empressement le slogan "l'Albanie comme l'Europe" servait-il en bien ou en mal la réalisation de cette aspiration sacrée du peuple ? Trop de questions auxquelles on n'a encore donné aucune réponse, même si près de dix mois se sont écoulés depuis le triomphe du multipartisme, où cette aspiration même acquit le droit de s'exprimer librement. Aucune réponse n'est donnée à ces questions, car il manque à l'Albanie les psychologues et les politologues qui pourraient commenter des développements aussi embrouillés.

Pour le moment, semble-t-il, l'Albanie manque aussi de politiciens pour démêler vite et bien ces développements, pour placer sans tarder le pays sur la voie assurée du progrès.

Il manque à l'Albanie beaucoup de choses pour hâter l'accomplissement de ce désir enflammé du peuple de se sentir citoyen de l'Europe. Le passé amer de la dictature a légué bien des carences. Mais l'Albanie ne manque pas du principal : le désir, précisément, de mettre fin une bonne fois pour toutes à la séparation d'avec son continent. Elle a conscience que cette carence ne pourra être comblée qu'en se dirigeant vers l'Europe. Ce désir et cette conscience d'un petit peuple représentent un compliment pour l'Europe, mais aussi un devoir. La famille de l'Europe est vaste ; elle ne mérite le nom de famille que si elle renonce à fermer sa porte à ceux qui se considèrent sincèrement comme ses membres.

PETITE ENCYCLOPÉDIE ALBANAISE

I

Slogans lancés au cours des premiers meetings en faveur de la démocratie

1. Liberté – démocratie !
2. A bas la dictature stalinienne !
3. A bas le Parti du travail !
4. Enver – Hitler !
5. A bas Enver, à bas Nexhmije,
   L'Albanie est à nous !
6. Ramiz chewing-gum !
7. Ramiz, baratineur,
   Ça fait cinq ans que tu nous mens.
8. Ramiz, vaurien,
   On te pendra haut et court.
9. Nous voulons que l'Albanie soit comme le reste de l'Europe !
10. Libérez les prisonniers politiques !
11. A bas la lutte des classes,
    L'Albanie à tous les Albanais !
12. Réconciliation nationale !
13. Kosovo – République !
14. Respect des droits de l'homme en Yougoslavie !
15. Halte à la violence de Milosevic !

II

ENVER HOXHA (1908-1985)

D'après le *Dictionnaire encyclopédique albanais*, publié à Tirana en 1985 :

"Grand et glorieux dirigeant du Parti du travail d'Albanie, de la république populaire socialiste d'Albanie et du peuple albanais, révolutionnaire et marxiste-léniniste éminent, qui défendit fidèlement et développa les enseignements de Marx, d'Engels, de Lénine et de Staline ; fondateur et organisateur du Parti communiste d'Albanie (devenu Parti du travail en 1948) ; guide légendaire, organisateur et stratège de la guerre antifasciste de Libération nationale et de la Révolution populaire ; initiateur et dirigeant du nouveau pouvoir de la dictature du prolétariat ; fondateur et commandant en chef des Forces armées de la république populaire socialiste d'Albanie ; personnalité éminente du communisme international et de la lutte de libération des peuples opprimés ; la plus grande figure historique de notre peuple et de notre nation, qui a consacré toute sa vie au Parti, au peuple, à la patrie, à la cause du communisme. Premier secrétaire du C. C. du Parti du travail d'Albanie, président du Front démocratique d'Albanie, président du Conseil de défense de la patrie. Deux fois Héros du Peuple, Héros du Travail socialiste... La figure du camarade Enver Hoxha est une grande figure polyvalente. Il n'est aucun domaine de l'activité politique, idéologique et sociale du Parti et de l'Etat où ne se soit exprimé son point de vue de philosophe, sa puissance d'organisation, son rôle dirigeant. On a rarement vu réunis en un seul homme, comme dans son cas, le penseur marxiste et le dirigeant révolutionnaire, le commandant militaire et l'homme d'Etat, le diplomate et l'éditorialiste, l'intellectuel féru d'érudition et l'éducateur des masses, l'orateur enflammé et l'ami des gens simples. A la tête du Parti et du peuple albanais, il a lutté, travaillé et agi toute sa vie, jusqu'à son dernier souffle, pour le bien et la prospérité de la patrie, pour la grande cause du socialisme. Son œuvre et son héritage inestimable vivront éternellement."

NEXHMIJE HOXHA (NÉE EN 1921)

Toujours d'après le *Dictionnaire encyclopédique albanais* :

"Activiste éminente de la guerre antifasciste de Libération nationale et de la construction du socialisme, une des principales dirigeantes de la jeunesse et des femmes albanaises, épouse et collaboratrice du camarade Enver Hoxha. Membre du Comité central du Parti du travail dès son premier congrès, député à l'Assemblée populaire dès les premières élections (1945), directrice de l'Institut d'études marxistes-léninistes. Héroïne du Travail socialiste... S'est toujours distinguée par ses combats et son travail infatigable pour défendre le marxisme-léninisme et faire appliquer la ligne du Parti, a apporté et apporte sa précieuse contribution à l'éducation marxiste-léniniste, au développement de l'enseignement, de la culture et de la science socialistes, dans la lutte inflexible contre l'idéologie bourgeoise et révisionniste."

Je puis en témoigner : comme on peut le lire dans le *Dictionnaire encyclopédique albanais*, Nexhmije Hoxha s'est vraiment montrée infatigable dans sa défense du marxisme-léninisme.

Je l'ai fréquentée pendant près d'un an, alors que je travaillais dans son Institut. Plus exactement, j'ai éprouvé la manière dont elle faisait travailler les employés de l'Institut, au service de ses buts personnels ; car pour ce qui est de la voir en personne, nous la voyions très peu : seulement au cours de réunions, par-ci par-là. Une fois, elle tenta de m'embaucher. Je venais tout juste d'arriver à ce poste. C'était au cours de l'été 1989, quelques semaines après la visite de Gorbatchev à Pékin et l'épilogue sanglant des manifestations d'étudiants à Tian An Men. Elle me convoqua dans son bureau. Après m'avoir complimenté en quelques mots pour mes vastes connaissances dans le domaine de la littérature et de la culture mondiales, elle me déclara, en m'enveloppant d'un regard qui ne laissait nulle place à la contradiction :

— Mais la littérature et la culture sont indissociables de la politique et de l'idéologie, n'est-ce pas ?

— C'est ce qu'affirmait Engels, dis-je pour éviter de répondre.

Elle était assez rusée pour ne pas me laisser m'en tirer à si bon compte. Son regard se fit encore plus insistant.

— Mais toi, qu'est-ce que tu en dis ?

— Il y a toujours eu beaucoup d'écrivains, même parmi les plus grands, pour s'occuper activement de politique, repris-je, dans un nouvel effort pour éviter d'exprimer directement mon point de vue sur la question de savoir si la littérature est liée ou non à la politique.

Elle secoua la tête, toujours d'un air rusé, pour me faire voir qu'elle m'avait compris. Son geste me signifiait aussi qu'elle disposait d'autres moyens de me mater. Son regard se fit encore plus perçant.

— Il faut que tu fasses une série d'articles sur la glasnost. Sous l'angle de la littérature et des arts, bien entendu, me dit-elle.

Elle continuait à me scruter fixement. Lorsqu'elles parviennent à acquérir de l'autorité en politique, les femmes sont encore plus difficiles à affronter que les hommes.

Je me contentai de m'incliner sans rien dire. Je ne m'étais jamais senti dans une position plus délicate.

Elle ne laissa pas le silence s'appesantir. Donnant à sa voix un ton plus adapté à une conversation, elle poursuivit :

— Il nous faut expliquer au peuple quel danger représente le gorbatchevisme pour la littérature et l'art, pour la culture et la vérité en général. J'ai vu que ce genre d'article faisait défaut dans la presse, et particulièrement la presse de la Ligue des écrivains.

Pour éviter d'échanger des opinions avec elle sur cette question, j'eus le réflexe de sortir une feuille blanche et de faire semblant de prendre des notes.

— Qui allons-nous charger de mener ce combat, si vous ne l'assumez pas, vous, les fils les plus doués du pays ? me lança-t-elle, sur un ton pathétique, cette fois.

La conversation aurait pu en rester là, mais je ne tenais pas à sortir en lui laissant l'impression que nous étions parvenus à un accord. Je savais combien elle était pointilleuse lorsqu'il s'agissait de suivre jusqu'à son terme le travail dont elle avait chargé quelqu'un. Au bout de quelque temps, ne trouvant pas mes articles dans la presse – car je n'avais nulle intention de les écrire –, elle allait sûrement se montrer encore plus agressive envers moi. En même temps, je n'avais pas le courage de la contredire ouvertement.

— Je ne sais pas très bien ce que représente la glasnost. Pour en juger…, répondis-je d'une voix où perçait la crainte.

— Comment, tu ne sais pas ? Tu lis plusieurs langues ! me répliqua-t-elle, aussitôt nerveuse, mais prenant soin de n'en rien laisser paraître. Autant que je sache, la bibliothèque de l'Institut est richement fournie…

— Mais on ne peut lire ces textes que sur autorisation spéciale. Et je n'ai pas d'autorisation de ce genre. Ensuite, je ne connais pas le russe…

Je cherchais toutes les excuses possibles.

Elle me lança un regard inquisiteur et secoua la tête d'un air menaçant.

— Cela ne fait pas l'affaire du Parti, dit-elle, masquant toujours la nervosité qui s'était emparée d'elle. La menace était cependant sensible.

Il y eut un silence. J'ignorais si je devais sortir, ou attendre qu'elle me signifie que l'entretien était terminé.

En tout cas, je la quittai sur un accord : j'allais me mettre à m'intéresser tout particulièrement à la nouvelle phase de la crise dans laquelle Gorbatchev, par sa politique, avait jeté la culture révisionniste soviétique.

La deuxième entrevue eut lieu deux mois plus tard. On m'avait chargé de préparer l'édition du livre de souvenirs de Haxhi Kroi, l'homme qui avait été le secrétaire particulier d'Enver Hoxha de 1949 au décès du "Commandant", le 11 avril 1985. J'avais accepté cette tâche avec beaucoup d'intérêt, espérant que cela m'ouvrirait une porte sur la vie intime du dictateur. Pour un écrivain, ce genre de renseignements est utile.

Je déchantai vite. L'auteur du livre, qui avait plus de soixante-dix ans, était devenu une véritable machine à débiter des slogans. Cependant, je mis le livre au point. Sur les plus de trois mille feuillets qu'il avait écrits, j'en choisis environ trois cents. Selon la règle en vigueur pour de telles publications, et avant de l'envoyer à l'imprimerie, on l'adressa à la "Directrice", ou la "Camarade", comme les employés de l'Institut, les apparatchiks du Comité central et les officiers du Sigurimi appelaient Nexhmije Hoxha.

— Ce livre ne peut pas être publié dans l'état où il est, me déclara-t-elle sèchement après l'avoir lu.

— Avec ce que j'avais comme éléments, il ne pouvait guère être meilleur, lui répondis-je, beaucoup plus sûr de moi cette fois-là que la première.

— Il ne s'agit pas des documents que tu avais à ta disposition. Il s'agit…

Elle sembla hésiter au dernier moment et n'acheva pas. Mais elle était toujours aussi sèche. Elle faisait même preuve d'une violence que ses yeux, surtout, laissaient voir. “Délicate”, comme Enver se plaisait à l'appeler, par le pseudonyme qu'elle portait pendant la guerre, avait toujours su se maîtriser à la perfection.

J'attendis des précisions, pour pouvoir lui répondre.

— D'après ce livre, le camarade Enver était toujours très fatigué, toujours très malade. Ce n'est pas vrai ! dit-elle, haussant le ton sur ces derniers mots. Le camarade Enver était un homme inflexible, un homme à la volonté de fer, qui savait mieux que personne triompher de la fatigue et des maladies. Tu n'as pas choisi les épisodes qui conviennent, ceux qui dévoilent la véritable personnalité du camarade Enver, qui mettent en évidence sa noblesse de caractère. Voilà ce que le peuple veut trouver dans ce livre ! Non, non, dans l'état où il est, il n'est pas question de le publier.

En l'entendant, je m'apitoyai un instant. J'avais l'impression qu'elle allait éclater en sanglots d'un instant à l'autre. On n'avait pas vu cette femme “délicate” verser de larmes, même pendant le deuil de son mari, où son visage apparaissait en permanence sur les écrans de télévision.

En tout cas, en ce qui concernait ce livre de souvenirs de l'homme qui avait connu Enver Hoxha mieux que quiconque – Nexhmije exceptée –, elle renonça à me demander de m'occuper de “combler” les désirs du peuple.

Je ne sais qui hérita de cette tâche. Mais, apparemment, le cours des événements ne permit pas d'achever ce livre, car il ne fut jamais publié.

Ceci se passait à l'automne 1989.

C'est au début de mars 1990 que je me suis heurté le plus violemment et de façon définitive à "Délicate". A la suite de cela, je fus déclaré une bonne fois pour toutes indigne de travailler à l'Institut d'études marxistes-léninistes.

Depuis la lettre que j'avais adressée à Ramiz Alia en octobre 1989, dans laquelle je protestais contre la surveillance exercée par le Sigurimi sur les intellectuels, je ne faisais plus que percevoir mon salaire à l'Institut. On ne me demandait aucun travail. Je savais que cela était dû à la réaction tout à fait négative du "président" à la question que je soulevais. A ce moment-là, Neshat Tozaj lui avait également adressé une lettre. Quant à Ismaïl Kadaré, il avait écrit un article au sujet du roman de Neshat, *les Couteaux* ; il profitait de l'occasion pour soulever avec une vigueur inédite le problème de la violation des droits de l'homme en Albanie. Tous les trois, nous ne nous étions pas entendus pour entreprendre une attaque concertée contre le régime. Pourtant, lorsqu'il en parla dans un discours top secret – le 27 octobre 1989, si je ne me trompe – devant Foto Çami, secrétaire à l'Education et à la Propagande auprès du Comité central, Sofokli Lazri, son principal conseiller pour les questions idéologiques et de politique étrangère, Dhimitër Tona, responsable du service de presse du Comité central, et Marash Hajat, rédacteur en chef de *Zëri i popullit*, il le fit en nous attaquant très violemment, en nous traitant d'avant-garde de la glasnost en Albanie. Il évita simplement de nous traiter d'agents de l'étranger, comme le voulait la tradition. Toutes les autres étiquettes, il nous les colla.

Mais j'étais ravi que mes chefs m'aient mis au placard, car j'étais libre de mon temps. Et je ne sentais aucun danger grave me menacer.

Un plenum du Comité central eut lieu au début du printemps. On y traita, entre autres, du problème du renforcement des liens du Parti avec l'intelligentsia. A la réunion élargie qui fut organisée pour les employés de l'Institut, pour discuter et disséquer le discours que Ramiz Alia avait prononcé à ce plenum, je soulevai encore une fois, et avec une vigueur nouvelle, les questions que j'avais exposées dans ma lettre. Nexhmije Hoxha, qui présidait la réunion, perdit, pour la première fois de sa vie peut-être, le contrôle d'elle-même.

— Ce que tu dis ne tient pas debout ! me répliqua-t-elle, sans me laisser m'exprimer jusqu'au bout.

Je parlais calmement, mais bien décidé à ne pas renoncer.

— Ça tient parfaitement debout, repris-je. Je peux même vous donner quelques exemples.

— Je sais ce que tu vas donner comme exemples, mais ça ne tient pas debout. J'ai tout vérifié, et ça ne tient pas debout.

Je lui jetai un regard surpris. Comment pouvait-elle connaître les exemples que je voulais donner ?

Mais elle poursuivit avec encore plus d'aplomb, assurant qu'elle connaissait les exemples classés dans ma tête et qu'elle les avait vérifiés un par un. Ils ne tenaient pas debout.

— Et ça ne me plaît pas du tout, poursuivit-elle. Ça ne me plaît pas du tout de te voir t'unir au chœur de la réaction mondiale pour comparer notre Sigurimi à la Securitate de Ceaucescu.

— Moi non plus, je n'aime pas votre réaction face aux très graves problèmes que je soulève. Et ce n'est pas la première fois que j'en parle…

— Tu aggraves ton cas en n'en parlant pas pour la première fois, m'interrompit-elle. Et elle m'empêcha de préciser où j'en avais parlé pour la première fois.

Elle tremblait des pieds à la tête. Elle n'avait pas l'habitude de rencontrer une opposition. La fille aînée de Ramiz Alia se trouvait là aussi. Mon regard croisa le sien, qui était fixé sur moi. Ses yeux exprimaient quelque chose de difficile à définir : m'appuyait-elle, s'étonnait-elle de mon action, ou me désapprouvait-elle ? On disait qu'elle avait beaucoup d'influence sur son père. En l'occurrence, son jugement à elle déterminerait celui de son père sur moi. L'espace d'un instant, je me demandai si je ne m'étais pas lancé en aveugle dans une aventure plus risquée que ce que je pouvais tenir. Mais il était trop tard pour reculer. L'air ravagé de la "Camarade" ne laissait rien présager de bon.

Elle renonça à poursuivre ce dialogue tendu. Tremblant de rage, elle demanda qu'on fasse une petite pause. Elle sortit la première de la salle. Les autres la suivirent, me lorgnant du coin de l'œil, effrayés. Il y avait de quoi. La "Directrice" aurait aussitôt repéré quiconque eût osé se joindre à moi après ce qui venait de se passer. Ils avaient accompli un geste tout à fait inhabituel en se taisant. La tradition aurait voulu qu'ils me sautent à la gorge. Je leur devais donc de la reconnaissance. Je sortis le dernier pour descendre au bar, comme les autres. Comme j'étais énervé, je pris un café.

La réunion ayant repris, Nexhmije Hoxha commença par s'excuser auprès de moi de s'être énervée. Elle semblait s'être bien reprise.

— J'ai élevé la voix un peu plus qu'il ne convenait, me dit-elle en feignant le calme. Mais je suis vraiment révoltée de voir comment on s'en prend au Sigurimi. Surtout de la part de certains écrivains. Je ne dis pas qu'il n'y a pas, au Sigurimi, des gens qui commettent des erreurs. Mais, dans son ensemble, le Sigurimi est net. Il applique fidèlement la ligne du Parti, les ordres du commandant en chef des Forces armées, le camarade Ramiz Alia, et se consacre avec beaucoup de dévouement au renforcement de notre pouvoir populaire.

L'allusion au "groupe d'ennemis du peuple" constitué par les écrivains Ismaïl Kadaré, Neshat Tozaj et Besnik Mustafaj était claire.

Je considérai qu'il était inutile de poursuivre le débat. Elle n'en avait pas envie non plus et passa à une autre des questions prévues pour cette réunion.

Mais elle ne pouvait accepter cet affront sans broncher. L'histoire n'en resta donc pas là.

Le lendemain, elle me convoqua dès le matin dans son bureau. En tête-à-tête. Et elle faisait visiblement de gros efforts pour paraître un peu moins agressive. Après la conversation que j'avais eue avec Kadaré et Tozaj la veille, je me sentais encore plus sûr de moi. Mais au fond, j'étais inquiet. Je ne voyais pas du tout pourquoi elle m'avait convoqué.

— Rappelle-moi encore une fois le problème que tu as exposé hier, me fit-elle, après s'être encore excusée du ton inhabituel qu'elle avait adopté au cours de la réunion précédente.

Je m'inclinai, surpris.

— Ou plutôt, mets-le-moi par écrit, en détail, ajouta-t-elle, comme si l'idée lui en venait à l'instant.

— Je n'ai pas besoin de vous le mettre par écrit. Dites au secrétaire de séance de le ressortir du procès-verbal, lui répondis-je.

— Je le veux de ta main, dit-elle, bien décidée à me forcer à céder à son exigence. Ecris tout en détail. Je revérifierai chaque point un par un. Le Parti nous recommande de mener jusqu'au bout la lutte contre le mal. Ce n'est qu'ainsi qu'on fait avancer les choses, n'est-ce pas ?

Sa voix était basse, mais menaçante. Elle n'eut pas besoin de me dire ce qui allait m'arriver si j'avais "calomnié". Je l'imaginais très bien. Pourtant, ce fut précisément l'envie de résister à cette menace qui me poussa à accepter de lui adresser mon intervention par écrit.

Le jour même, je devais apprendre par une dactylo que le secrétaire de la cellule du Parti et l'un des responsables de l'Institut avaient fait un rapport détaillé sur mon intervention. On lui avait aussi demandé de taper le procès-verbal de la réunion.

— Pour quoi faire ? demandai-je à Neshat Tozaj. Ayant longtemps travaillé comme expert de l'identité judiciaire au ministère de l'Intérieur, il savait toujours parfaitement expliquer les choses.

— Elle va mettre le Sigurimi au travail pour parvenir à ses fins, me répondit-il. C'est une méthode purement policière pour te faire céder.

— Qu'a-t-elle l'intention de faire ? demandai-je encore.

Neshat eut un sourire plein de sous-entendus.

— Ne te casse pas la tête, me fit-il.

La raison pour laquelle Nexhmije Hoxha ne supportait pas que l'on "souille" le Sigurimi était claire. Le Sigurimi est le principal auxiliaire du Parti, et donc de la "Camarade", pour réaliser "l'éducation marxiste-léniniste des masses", compliment qu'on lui fait jusque dans l'*Encyclopédie albanaise.*

Et ce sont ces masses "éduquées par les leçons lumineuses du marxisme-léninisme" qui ont demandé pendant près d'un an, sans arrêt, l'arrestation de Nexhmije Hoxha. Or Ramiz Alia, pour des raisons obscures – mais que l'on imagine, et qui sont liées au fait qu'ils sont aussi compromis l'un que l'autre – la défendit avec acharnement. Lady Hoxha ne fut emprisonnée que le 5 décembre 1991, après que le Parti démocratique eut retiré ses sept ministres du gouvernement de stabilisation nationale.

RAMIZ ALIA (NÉ EN 1925)

"L'un des dirigeants les plus éminents du Parti et de l'Etat, proche compagnon de lutte et de travail du camarade Enver Hoxha, tant pendant la guerre de Libération nationale qu'à l'époque de construction du socialisme. Premier secrétaire du Comité central du Parti du travail d'Albanie (depuis avril 1985), commandant en chef des Forces armées et président du Conseil de défense de la patrie, vice-président du Front démocratique d'Albanie… Ramiz Alia est une personnalité politique et sociale et un homme d'Etat éminent. Il a toujours travaillé et lutté avec une fidélité et une fermeté exemplaires à renforcer le Parti et le pouvoir populaire, à réussir la construction du socialisme, à éduquer les communistes et les travailleurs dans l'idéologie marxiste-léniniste, à développer l'enseignement et la culture, la littérature, l'art et les sciences. Aux côtés du camarade Enver Hoxha, il a lutté de façon conséquente et dans un esprit internationaliste inébranlable pour défendre le marxisme-léninisme et la ligne du Parti contre le révisionnisme yougoslave, soviétique et de toutes les couleurs. Il a développé la lutte des classes dans un esprit remarquable. Ramiz Alia est un combattant déterminé à défendre la liberté et l'indépendance du pays et les conquêtes de la révolution contre l'impérialisme et ses valets à l'intérieur comme à l'extérieur du pays."

Tous ces mérites mis en évidence par le *Dictionnaire encyclopédique albanais* ne suffirent pas à lui assurer le minimum de voix, au cours des premières élections pluralistes du 31 mars 1991, pour être élu député. Mais comme le Parti du travail à la tête duquel il se trouvait toujours remportait, par ces élections, plus des deux tiers des sièges au Parlement, il fut réélu président de la République. L'opposition ne lui donna pas une voix.

Un des slogans les plus souvent utilisés cette année dans les meetings démocratiques est *Ramiz – çimçakiz*, "Ramiz chewing-gum". Même si c'est de manière très vulgaire, ce slogan exprime très justement la nature politicienne de Ramiz Alia. Il s'est efforcé de jouer les équilibristes dans la vie politique complexe du pays, surtout après l'avènement du pluralisme. Mais il n'aurait sûrement pas réussi à se faire autant haïr du peuple s'il avait joué ce rôle avec sérieux et honnêteté. Il faut reconnaître qu'au cours des premières journées de manifestations étudiantes, il joua un rôle incontestable, évitant un bain de sang. Mais deux jours après le plenum du Comité central du Parti, qui s'était déroulé sous sa direction, il déclara, dans un discours adressé aux fonctionnaires du siège du Comité central, que les étudiants étaient manipulés par les services secrets étrangers. Surtout par la CIA. Sans citer directement de nom, il laissa entendre qu'il s'agissait de nous, les intellectuels qui avions aidé ce mouvement à déboucher sur un succès. Apparemment, avant ce plenum, il n'avait pas imaginé que le Parti démocratique se créerait aussi vite.

Autre exemple : que ce soit sous la pression de son entourage ou par conviction personnelle, il opposa constamment un net refus aux demandes des étudiants qui voulaient qu'on débaptise l'université Enver Hoxha. Non seulement tant que cette demande émana des meetings tenus à la Cité universitaire, mais même après que les étudiants eurent entrepris leur grève de la faim. Pourtant, lorsqu'une foule de près de cent mille personnes envahit la place Skënderbeg et renversa la statue d'Enver Hoxha, la traînant ignominieusement à terre à travers les rues de la Cité universitaire, la police ne se rua pas sur les gens. Ramiz Alia ne peut avoir été tout à fait étranger à ce dénouement. Mais le lendemain, 21 février, il déclara aux effectifs des officiers du ministère de l'Intérieur qui le sommaient d'expliquer pourquoi il n'avait pas défendu Enver jusqu'au bout :

— J'ai donné l'ordre d'utiliser les armes à feu !

Il fit la même déclaration, le jour même, devant les officiers du ministère de la Défense, venus le voir dans le même but.

Aujourd'hui, on ignore toujours s'il a ou non donné cet ordre ce jour-là. En tout cas, ce petit jeu est tout à fait dans son style.

En changeant de forme, comme un chewing-gum, s'appuyant tantôt sur un côté, tantôt sur l'autre, il perdit progressivement le soutien de toutes les forces politiques du pays. Un mois seulement après l'avoir élu président, un groupe de députés de son parti tenta de déposer une motion pour le révoquer. Ils réunirent même de nombreuses signatures. Mais ils ne parvinrent pas au nombre prévu par la Constitution. Car nous, les députés de l'opposition, nous ne nous étions pas ralliés à eux. C'était le moment où une vague de grèves et de manifestations, pour exiger la démission du gouvernement communiste de Fatos Nano, submergeait Tirana et toutes les grandes villes du pays. Les forces dogmatiques, principalement regroupées dans les petits districts périphériques, se lancèrent à la défense de ce gouvernement en compagnie des députés qui les représentaient au Parlement. Ils demandaient surtout à Ramiz Alia de s'associer à leur position et d'obliger les grévistes de la faim et les manifestants à se retirer, en employant l'armée et la police. Ils étaient prêts à plonger le pays dans la guerre civile. Lorsque Ramiz Alia refusa de s'associer à fond à leurs actions, ils se mirent à l'accuser d'être à l'origine de la situation et à le menacer. Voici le texte complet de l'un des ultimatums, parmi des dizaines, télégraphiés au Parlement ces jours-là.

Ultimatum adressé à Ramiz Alia

"Pour information :
A la présidence de l'Assemblée populaire ;
Au Conseil des ministres et au premier ministre Fatos Nano ;
Au Comité central du Parti du travail d'Albanie ;
Au ministère de la Défense populaire ;
Au ministère du Maintien de l'ordre ;
Aux districts de : Ersekë, Pogradec, Korça, Kukës, Tropoja, Dibra, Mat, Mirditë, Librazhd, Gramsh, Berat, Vlora, Saranda.

La Patrie en danger

"Nous, représentants du peuple de Mallakastra, Tepelenë, Gjirokastër, Përmet et Shkrapar, réunis pour discuter de la situation difficile que traverse le pays, vous adressons l'ultimatum suivant :

1. Le premier responsable de la situation, c'est vous, monsieur Ramiz Alia.

2. Nous ne reconnaissons et ne reconnaîtrons que le gouvernement présidé par Fatos Nano, et aucun autre.

3. En collaboration avec les autres forces politiques, stabilisez la situation et donnez une réponse à la télévision avant le 31 mai 1991 à une heure.

4. Dans le cas contraire, le peuple en armes ne se pliera à aucun de vos ordres. Il ne se pliera qu'à sa propre volonté pour défendre son propre sort, en prenant l'initiative de déclarer l'état d'urgence. Et nous marcherons sur Tirana.

Gjirokastër, le 30. 05. 1991."

La situation n'était évidemment pas aussi dramatique. Cependant, Ramiz Alia commença à recevoir l'un après l'autre les représentants de ces districts, qui étaient tous responsables de comités régionaux du Parti du travail. Et il les recevait en compagnie de Nexhmije Hoxha. La télévision en rendait largement compte. Les "rebelles" partaient persuadés que le président de la République et de leur parti était avec eux, ce qui ne faisait qu'irriter davantage les gens qui voulaient à tout prix extirper le plus vite possible le communisme d'Albanie, comme condition indispensable à l'établissement de la véritable démocratie. Le slogan *Ramiz chewing-gum* redoubla alors de force dans les meetings.

ADIL ÇARÇANI (NÉ EN 1922)

D'après le *Dictionnaire encyclopédique albanais*:

"L'un des dirigeants éminents du Parti et de l'Etat, membre du Bureau politique du Comité central du Parti du travail d'Albanie, président du Conseil des ministres de la république populaire socialiste d'Albanie (depuis 1982)... Dans les tâches et les fonctions très importantes dont l'a chargé le Parti, il a travaillé et travaille fidèlement, avec une conscience élevée, à appliquer et à défendre la ligne du Parti et ses décisions, il a apporté et apporte une contribution importante au renforcement du pouvoir populaire, au développement harmonieux de l'économie et de la culture socialistes et au renforcement de la défense de la patrie. Il a toujours lutté avec détermination pour défendre la ligne marxiste-léniniste du Parti contre l'impérialisme, le révisionnisme moderne et tous les ennemis intérieurs et extérieurs."

Comme on peut le voir, l'équipe d'académiciens qui a rédigé l'*Encyclopédie albanaise* a parfaitement mis en lumière tous ses mérites. Elle a juste omis de dire qu'il n'a pas fait d'études universitaires. Dans la première entrevue que la délégation des étudiants qui manifestaient eut avec Ramiz Alia, le 9 décembre 1990 aux premières heures du matin, Azem Hajdari déclara au président :

— Adil Çarçani est venu nous voir et nous a raconté des histoires. Mais nous ne lui en voulons pas. Nous vous en voulons à vous, car vous vous moquez de nous en nous l'envoyant...

— Comment, je me moque de vous en vous envoyant le premier ministre ? répliqua Ramiz Alia.

Les étudiants s'amusèrent du sous-entendu, puis continuèrent à exposer leurs revendications.

Moins de deux semaines plus tard, Adil Çarçani remplaça Nexhmije Hoxha à la tête du Front démocratique d'Albanie, ce qui indiquait qu'il allait bientôt cesser d'être premier ministre.

MANUSH MYFTI (NÉ EN 1919)

D'après le *Dictionnaire encyclopédique albanais* :

"L'un des dirigeants éminents du Parti et de l'Etat, membre du Bureau politique, vice-président du Conseil des ministres de la république populaire socialiste d'Albanie... Dans les tâches et les fonctions très importantes dont l'a chargé le Parti, il a apporté et apporte une contribution importante au renforcement du Parti et du pouvoir populaire. Il a lutté avec détermination pour défendre la ligne marxiste-léniniste du Parti contre l'impérialisme, le révisionnisme moderne et tous les ennemis intérieurs et extérieurs."

Les scientifiques albanais qui ont établi cette encyclopédie étaient, semble-t-il, totalement hypnotisés par la contribution qu'avait apportée et que continuait à apporter Manush Myfti à la science et à la culture albanaises, en tant que vice-premier ministre couvrant ces domaines. Ils ont oublié de signaler que durant des années, jusqu'à son départ en retraite en juillet 1990, il a présidé la Commission centrale d'envoi en relégation auprès du Conseil des ministres. Des milliers de familles innocentes, dans toute l'Albanie, ont été déportées et persécutées sur son ordre.

Il fut le premier des membres de la direction de l'ancien régime à être arrêté à l'automne 1991. Mais on ne l'arrêta pas pour le génocide systématique qui s'était déroulé sous sa direction. Il fut accusé de détournement de fonds. Il faut pourtant dire que dans le rapport présenté au Parlement sur les abus de la nomenklatura, Manush Myfti ne figurait pas en tête de liste.

D'après les rumeurs, si les arrestations commencèrent par lui, c'était parce que lui et Ramiz Alia n'avaient jamais eu beaucoup de sympathie l'un pour l'autre, pour ne pas dire plus. Autrement dit, le président avait trouvé l'occasion de se venger de lui. Cette raison, confirmée par les membres de sa famille, tout comme une autre raison, qui avait à voir avec son âge – soixante-douze ans –, firent que l'opinion publique, bien que nourrissant la haine la plus profonde envers les "Blocmen", n'approuva pas totalement cette arrestation. Selon les informations du Forum pour la défense des droits de l'homme, il fut victime d'une paralysie totale quelques jours seulement après avoir été bouclé en cellule. Pourtant, même ainsi, il fut maintenu en prison.

En ce qui concerne ses études, il n'a fait que deux ans de faculté de médecine en Italie au début de la Deuxième Guerre mondiale, ce qui n'apparaît pas plus dans l'*Encyclopédie albanaise* que pour les autres, de peur qu'on n'ose demander comment un pays peut être gouverné pendant près d'un demi-siècle par des politiciens sans instruction.

HEKURAN ISAI (NÉ EN 1933)

D'après le *Dictionnaire encyclopédique albanais* :

"L'un des dirigeants du Parti et de l'Etat, membre du Bureau politique du Comité central du PTA (depuis 1975). Ministre de l'Intérieur. Se forma et se trempa comme révolutionnaire, d'abord en tant qu'ouvrier puis en tant que cadre, en se distinguant comme organisateur et par ses liens étroits avec les masses. Il a suivi les cours de l'Ecole supérieure du Parti V. I. Lénine... Il a apporté et apporte une contribution importante au renforcement du Parti et de l'Etat de dictature du prolétariat, a lutté avec détermination pour défendre la ligne marxiste-léniniste du Parti contre l'impérialisme, le révisionnisme moderne et tous les ennemis intérieurs et extérieurs."

Comme on le voit dans la description qu'en donne l'Académie albanaise, il n'est que "dirigeant du Parti et de l'Etat". Il n'est donc pas "éminent". Ce titre, seuls ceux qui avaient fait la guerre aux côtés d'Enver Hoxha y avaient droit. Hekuran Isai fait partie de la nouvelle vague de dirigeants, arrivée au sommet de la pyramide au milieu des années soixante-dix, après les purges radicales effectuées par Enver – qui fit passer devant le peloton d'exécution près de la moitié du Bureau politique, tous d'anciens combattants des premières heures du communisme en Albanie. Pour les remplacer, il choisit de "dignes fils de la classe ouvrière", qui "veilleraient" à ce que le

Parti garde son caractère prolétarien. Pour cela, ils n'avaient pas besoin d'avoir fait des études universitaires. Il leur suffisait d'avoir suivi les deux ans de formation de l'Ecole du Parti V. I. Lénine. D'autant plus qu'ils allaient désormais suivre "l'enseignement quotidien du camarade Enver", recueilli directement de sa bouche.

Au sein de cette nouvelle pléiade, Hekuran Isai fut celui qui prit les grandes responsabilités. Secrétaire du C. C. du Parti dès le départ. Après d'autres purges, en 1982, au cours desquelles le premier ministre Mehmet Shehu lui-même fut éliminé, il passa vice-premier ministre et ministre de l'Intérieur en même temps, et le resta longtemps. Il revint ensuite à son poste de secrétaire du C. C. du Parti, mais pour peu de temps. En raison des événements des ambassades en juillet 1990, le ministre de l'Intérieur Simon Stefani "changea" d'attribution et laissa Hekuran Isai reprendre sa place.

Au cours de la première décennie de sa brillante carrière, Hekuran Isai se montra l'un des plus chauds partisans de la ligne dure réclamée par Enver Hoxha. Mais après la mort du "père", il passa petit à petit à l'aile réformatrice du Parti, en prenant même l'avant-garde. Au Xe congrès du Parti du travail, en juin 1991, congrès pendant lequel ce parti se convertit au "socialisme", il prononça un discours qui fut sifflé et interrompu par les délégués, car il était trop radical. Au début de juillet, quelques semaines après le congrès, il donna une interview à *Zëri i popullit*, affirmant que Ramiz Alia était directement compromis dans tous les crimes accomplis par le Sigurimi avant et après l'avènement du pluralisme. C'est surtout cette interview qui lui coûta cher. Il fut le deuxième membre de l'ancienne direction, après Manush Myfti, a être arrêté. Toujours sous l'inculpation de détournement de fonds. Pourtant, dans le rapport présenté au Parlement, son nom vient en huitième position sur la liste des sommes dépensées. Voyant que les arrestations de membres du Bureau politique en restaient là, beaucoup de gens se dirent qu'il s'agissait encore d'un règlement de comptes de la part du président.

SIMON STEFANI (NÉ EN 1929)

D'après le *Dictionnaire encyclopédique albanais* :

"L'un des dirigeants du Parti et de l'Etat, membre du Bureau politique (depuis 1976). A grandi et s'est trempé au sein de la classe ouvrière, en tant qu'ouvrier révolutionnaire et cadre soucieux des intérêts du Parti... A apporté et apporte une contribution importante au renforcement du Parti, de l'Etat de dictature du prolétariat et de l'économie socialiste. A combattu avec détermination contre l'impérialisme, le révisionnisme moderne et tous les ennemis intérieurs et extérieurs."

Dans l'encyclopédie, on estime superflu de préciser que lui aussi a suivi, en plus de son importante formation révolutionnaire au sein de la classe ouvrière, l'Ecole des cadres du Parti V. I. Lénine. Mais cela ne l'empêche pas – au contraire – de constituer l'une des figures déterminantes de la vie politique albanaise. Il occupa pendant près de dix ans le poste de secrétaire du Comité central du Parti, poste qu'Enver Hoxha lui attribua à la fin des années soixante-dix. Et il contrôlait, entre autres, le ministère de l'Intérieur et le ministère de la Défense. Puis il fut nommé directement au poste de ministre de l'Intérieur. Mais cela ne dura pas longtemps, à cause de l'échec qu'il subit durant les événements des ambassades en juillet 1990. Il passa alors au poste de président de la Commission de contrôle de l'Etat, tout en restant membre du Bureau politique. Connu comme l'un des principaux hommes de Nexhmije Hoxha, il n'était pas facile à écarter du pouvoir. Cela dut attendre la "démission" de la Veuve Terrible. Trois jours plus tard, le 23 décembre 1990, *Zëri i popullit* annonça en deux mots que Simon Stefani prenait lui aussi sa retraite.

FATOS NANO

Lorsque le *Dictionnaire encyclopédique* fut publié en 1985, Fatos Nano n'avait pas encore attiré l'attention des "savants" albanais. Né au début des années cinquante, d'un père qui avait dirigé pendant quelque temps le secteur de la presse au Comité central puis à la radio-télévision albanaise, il continua à gravir lentement, mais sûrement, les échelons de sa carrière à l'Institut des études marxistes-léninistes.

Dans une interview à *Zëri i rinisë* au début d'octobre 1991, Azem Hajdari donne de Fatos Nano la définition suivante : "C'est quelqu'un qui sait parler longuement, et avec aisance, pour ne rien dire." Grâce à cette aptitude, ainsi qu'à l'amitié qui liait la "Directrice" à son père, Thanas Nano, avec qui elle avait travaillé pendant des années lorsqu'elle se trouvait à la tête du département de la Propagande au Comité central du Parti, Nano junior parvint à occuper l'un des principaux postes de direction de l'Institut. En tant que théoricien de l'économie marxiste-léniniste, il écrivit deux livres. L'un contre les réformes entreprises en Chine après 1978, intitulé *la Politique économique que suit la Chine pour devenir une superpuissance* (Tirana, 1984) et l'autre contre la perestroïka de Gorbatchev, intitulé *le Social-impérialisme soviétique dans l'économie mondiale* (Tirana, 1987). Il écrivait aussi sans arrêt des articles dans les principaux journaux et revues, grâce auxquels il affichait son haut niveau de vigilance dans l'application des principes de la doctrine à la réalité économique albanaise. Ce que représentent ces "ouvrages", on le voit tout de suite. En tout cas, ils lui assurèrent non seulement une carrière inhabituelle pour son âge, mais aussi le titre de docteur ès sciences économiques. Après l'avènement du pluralisme, le fait de citer ces "ouvrages", les seuls à porter sa signature, devint une sorte d'injure personnelle malintentionnée. Pourtant, de son côté, il n'a pas entrepris le moindre geste pour les renier, comme de renoncer, par exemple, à son prétendu titre universitaire.

Il poursuivit son jeu pour accroître la sympathie que lui portait la "Directrice" en approfondissant son amitié avec la fille aînée de Ramiz Alia, qui travaillait elle aussi à l'Institut. Et l'année dernière (1990), lorsque Ramiz Alia entreprit de ravaler la façade du système économique albanais, pour couper court en Albanie aux bouleversements qui s'étaient produits dans les autres pays de l'Est, il se mit à solliciter de plus en plus souvent les conseils de Fatos Nano.

C'est ainsi qu'à l'automne 1990, avec le soutien total aussi bien de Ramiz que de Nexhmije, il s'élance vers les sommets du pouvoir d'Etat. En octobre, il devient secrétaire général du Conseil des ministres. En décembre, il devient vice-président du Conseil des ministres, et en février, président du gouvernement. A la fin d'avril, il est chargé par le président Ramiz Alia de former un nouveau gouvernement, auquel ni le Parti démocratique ni les autres partis de l'opposition n'acceptent de prendre part. Au début de juin, on l'oblige à donner sa démission. Quelques jours plus tard se tient le Xe congrès du Parti du travail ; toujours grâce au soutien dont il bénéficie de deux côtés, celui de Ramiz et celui de Nexhmije, il est élu à la tête de ce parti, alors rebaptisé "socialiste".

SEJFULLA MALËSHOVA

L'une des figures les plus remarquables de la culture albanaise du XXe siècle. Poète, traducteur et journaliste brillant. Pendant la guerre de Libération nationale, il s'est associé dès le début au Parti communiste et a réussi à se faire élire au sommet de sa direction. Victime des premières purges d'Enver Hoxha. En 1946, alors qu'il était ministre de la Culture, il fut relevé de toutes ses fonctions comme "déviationniste et opportuniste d'idéologie bourgeoise, qui ne développe pas de façon conséquente la lutte des classes dans le domaine de la Culture". Il a passé toute sa vie en relégation, jusqu'à sa mort au début des années soixante-dix, délaissé, interdit de publication, dans une misère noire. On ne commença à parler de lui ouvertement, pour lui rendre hommage, qu'après l'avènement du pluralisme, lorsque le Parti du travail eut perdu le contrôle des moyens d'information. Mais à présent, il est trop tard pour réparer. Le *Dictionnaire encyclopédique albanais* ne dit pas un mot sur lui.

IBRAHIM RUGOVA

L'une des personnalités les plus éminentes de l'intelligentsia albanaise. Dans ses essais, qui l'ont fait connaître, il traite surtout des problèmes de la littérature et de la culture albanaises anciennes. Il a mis en évidence la richesse de ces éléments précieux du fonds culturel national, osant braver la position profondément négative définie par l'Académie albanaise, en raison de la "biographie" de ces auteurs que l'idéologie au pouvoir ne pouvait accepter : ils étaient tous prêtres.

En tant que secrétaire de l'Association des écrivains du Kosovo, Ibrahim Rugova est à l'origine de la création du plus grand parti albanais de Yougoslavie – la Ligue démocratique du Kosovo – qui est aussi le premier parti d'opposition non seulement en république de Serbie, sous la juridiction de laquelle se trouve le Kosovo, mais dans toute la Yougoslavie. A la tête de ce parti, Ibrahim Rugova a joué et joue un rôle exceptionnellement important pour que les Albanais de Yougoslavie luttent avec des moyens pacifiques pour leurs droits, garantis par la charte de l'ONU, l'acte final d'Helsinki, etc., mais que le brutal régime stalinien de Belgrade nie totalement.

En mai 1991, me rendant à Ljubljana, où le Pen-Club slovène m'avait invité à participer à une conférence internationale sur le thème "Les écrivains et le nationalisme", j'eus l'occasion de passer pour la première fois dans le principal centre du Kosovo, Prishtinë. Là, j'entendis parler d'un Albanais que la police serbe venait d'arrêter le jour même, car il avait été trouvé en possession de deux bombes.

— Qu'allais-tu en faire ? lui avait demandé la police.

— Les lancer sur Ibrahim Rugova, avait-il répliqué, au comble de l'exaltation.

La police, absolument ravie de trouver une occasion de s'en prendre au "Gandhi albanais", comme les journaux occidentaux appelaient souvent Rugova, sans qu'on puisse l'accuser de s'être associée à un crime, s'apprêtait à libérer l'homme arrêté en lui laissant ses bombes. Mais à la dernière minute, l'un des policiers avait eu l'idée de demander :

— Et pourquoi veux-tu la peau de Rugova ?

— Parce que sans lui, il y a longtemps que j'aurais fini par vous lancer ces bombes, et bien d'autres. Il ne veut pas qu'on le fasse, ni moi ni les autres. Non, qu'il dit, non. Pacifiquement ! Faire la paix avec vous ? Il vaut mieux que je la lui jette à lui ; une fois débarrassés de lui, nous saurons comment nous occuper de votre cas.

Il n'avait évidemment aucune intention de tuer Rugova. Mais cette histoire montre à quel stade crucial est parvenue la tension entre les Albanais et les Serbes, dirigés par le dernier national-communiste au pouvoir en Europe, le plus déchaîné, Slobodan Milosevic. Cette situation fort difficile rend d'autant plus importante la mission accomplie par Rugova et son parti pour faire éclore la patience chez les Albanais.

L'*Encyclopédie albanaise* ne dit pas un mot de la contribution importante de Rugova, ni dans le domaine littéraire, ni dans le domaine politique.

SALI BERISHA (NÉ EN 1944)

O Sali, Sali Berisha,
Tu nous as appris les deux doigts.
Quand nous aurons un peu grandi
Nous serons démocrates aussi.

Cette comptine enfantine, avec ses mots naïfs, permet de voir quel extraordinaire degré de popularité Sali Berisha a atteint en très peu de temps. Connu et respecté dans tout le pays en tant que cardiologue, le docteur Berisha a commencé, surtout à partir de 1990, à attirer l'attention de l'opinion publique désireuse d'instaurer la démocratie en Albanie. Dans la rencontre avec les intellectuels les plus en vue de Tirana que Ramiz Alia organisa en août 1990, il fut le seul à oser dire que l'Albanie avait besoin du pluralisme. Ramiz Alia se lança avec lui dans une discussion serrée, parsemée de menaces voilées ou directes. S'il employait la menace, c'est parce qu'il se sentait incapable d'affronter la logique de son interlocuteur. Lorsque le compte rendu de sa discussion avec les intellectuels fut publié – pour que la masse des communistes l'étudie dans les cellules du Parti – on put voir que le dialogue avec le docteur Berisha était falsifié, pour ainsi dire en entier. Pour bien prouver qu'on avait fait disparaître son point de vue, le docteur Berisha publia aussitôt un article dans le journal *Bashkimi* ; à cause de cet article, le Comité central du Parti fit prévenir le rédacteur en chef du journal qu'il était suspendu de ses fonctions.

Après cet article et une interview à la revue *Drita*, interview qui fut abondamment citée par la presse étrangère, on pensa, “là-haut”, qu'il fallait donner un autre genre de réplique à Sali Berisha. Le Sigurimi fit appel à diverses personnes et fit pression sur elles pour qu'elles témoignent que Sali Berisha tentait de créer un parti, qu'il tentait, donc, de faire tomber le régime par la violence. Au cours de sa discussion avec le docteur Berisha, pendant la rencontre avec les intellectuels, Ramiz Alia avait donné au Sigurimi le signal dont il avait besoin pour entrer en action. Il avait dit que “la réaction mondiale entend se servir du multipartisme pour renverser le pouvoir albanais par la violence”. Par conséquent, le docteur Berisha, en demandant le pluralisme, même si ce n'était qu'à mi-voix, s'était mis au service de la réaction internationale. Dans le cas de Berisha, je ne sais pourquoi, on mettait l'accent sur la CIA. Peut-être parce que cela faisait près de dix ans qu'on n'avait pas “découvert” de groupe d'agents de la CIA. Il ne restait qu'à fournir des preuves, ce qui ne présentait guère de difficultés pour le Sigurimi. Selon les lois en vigueur, le témoignage verbal de trois personnes suffisait.

Mais le Sigurimi ne disposa que de quelques semaines pour constituer le dossier du docteur Berisha, car les événements se déroulaient plus vite que prévu. Après l'avènement du pluralisme, une telle accusation perdait toute valeur. Pourtant, le Sigurimi ne renonça pas à son intention de liquider ce personnage “dangereux pour l'avenir de l'Albanie”. Avec le pluralisme, une sorte de décalage s'instaura entre le Sigurimi et la police. La police dut faire face aux foules déchaînées et prendre, aux yeux de l'opinion publique albanaise et dans le monde entier, la lourde responsabilité de faire respecter un minimum de démocratie, ce à quoi elle n'était préparée ni psychologiquement ni professionnellement. Le Sigurimi, au contraire, continuant à travailler totalement dans l'ombre, jouissait d'une latitude que lui enviait la police. Ainsi s'expliquent certains actes de la police qui ne cadrent pas avec la stratégie générale de violence dont le Parti du travail a toujours fait usage. C'est le cas de l'arrestation, à la fin de décembre 1990, d'un homme qui voulait commettre un attentat contre Sali Berisha, sous prétexte que "quelques mois plus tôt, son père était mort à cause du docteur qui l'avait mal soigné". Une vengeance banale, qui aurait ôté tout poids à la mort d'un homme que suivaient désormais des centaines de milliers de personnes. Cette arrestation fit beaucoup de bruit dans Tirana. Mais les choses allaient si vite que même un tel événement ne fit pas longtemps la une. Le docteur Berisha ne chercha pas non plus à savoir ce que devenait l'homme qu'on avait arrêté. On ignore ce qu'ils en ont fait. Il semble que le Sigurimi l'ait pris sous sa protection.

Les attaques contre le docteur Berisha ne connurent aucun répit. Mais pendant la campagne électorale – mars 1991 –, elles atteignirent leur point culminant. Le Parti du travail et ses troupes dociles suivirent une autre tactique pour parvenir à leurs fins : l'isolement. Des calomnies furent propagées par la presse et par tous les autres médias. On toucha les Albanais de Yougoslavie en leur point le plus sensible. On dit que Sali Berisha était marié à une Serbe. De ce fait, il avait toujours comploté avec Milosevic. A l'intérieur du pays, au contraire, on visait à répandre le bruit qu'il était contre la paysannerie (contre près de soixante-dix pour cent de la population), car il demandait le retour des propriétaires des terres antérieurement à la réforme agraire de 1946, ce qui était absolument faux ; comme il venait du Nord, on disait qu'il était contre le Sud (il voulait donc la sécession des régions – une plaie que l'Albanie traîne depuis longtemps – en s'aliénant près de soixante-cinq pour cent de la population), ce qui, encore une fois, était absolument faux ; on disait aussi qu'il voulait lier l'Albanie à l'Amérique, en s'opposant au processus d'intégration du pays à l'Europe, qui était l'un des rêves les plus chers des Albanais. Aucune de ces calomnies ne produisit l'effet escompté. Mais cet échec ne découragea pas non plus Ramiz Alia et ses collaborateurs volontaires. Ils ne renoncèrent pas à leurs intentions. Le troisième sommet de leur campagne se situa à l'automne 1991. Encore une nouvelle tactique. A présent, il fallait absolument empêcher Sali Berisha de devenir l'Eltsine albanais. L'attaque fut menée sournoisement. Presque chaque jour, *Zëri i popullit* publiait au moins un article contre lui. Les députés du Parti du travail (socialiste) ne laissaient passer aucune occasion de l'attaquer à titre personnel au Parlement. On rappelait aux plus radicaux, toujours nombreux, que leur "guide" avait été membre du Parti du travail. Il n'était donc pas des leurs. Il était compromis avec l'ancien régime. Avec lui à leur tête, ils n'avaient aucune chance d'extirper le communisme. Le député F. A., ancien vice-président de la Cour suprême jusqu'en juillet 1991, rappela par une diatribe, retransmise intégralement par la télévision, que Sali Berisha avait ses entrées chez les membres du Bureau politique. Il avait donc joui de leurs privilèges. Il est exact qu'en 1978 et 1979, le docteur Berisha faisait partie du groupe de médecins qui soignaient Hysni Kapo, secrétaire du C. C. du Parti du travail, bras droit d'Enver Hoxha, qui mourut d'un cancer à cette époque. Mais son travail l'avait amené à voir d'autres membres de la nomenklatura. Il est exact, aussi, qu'il n'a jamais joui d'aucun privilège. Il n'a jamais accepté aucun poste, même sans importance. Il est toujours resté simple professeur à la faculté de médecine et n'a même pas été élu aux instances dirigeantes du Parti, comme cela s'est produit pour d'autres médecins qui soignaient des dirigeants ; certains ont même réussi à devenir membres du C. C. du Parti. Comme il aime relever les défis, Berisha répliqua à l'orateur qui souriait de contentement, persuadé d'avoir trouvé le talon d'Achille de sa "victime" :

— Les hommes sont égaux devant le médecin, comme devant Dieu. Si mes patients se relevaient de leur tombe et qu'ils aient besoin de moi, je me rendrais à leur chevet, encore aujourd'hui.

Au contraire, pour les réformateurs, assez nombreux eux aussi, qui demandent qu'on change les structures en évitant les bouleversements violents dans l'immédiat, *Zëri i popullit* et les innombrables colporteurs d'histoires du Parti du travail (socialiste) présentèrent Sali Berisha comme un extrémiste radical de droite, un homme prêt à jeter le pays dans la guerre civile. Cela aussi n'est qu'une insinuation fielleuse. Curieusement, les personnages qui répandent ce genre d'insinuation n'ont pas changé depuis l'époque où Shakespeare écrivait ses tragédies. Ce n'est pas un hasard si à la fin d'octobre 1991, le Parti socialiste choisit Gramoz Ruçi pour lire au Parlement "l'acte d'accusation" établi par les secrétariats de Ramiz Alia et de Fatos Nano, spécialisés dans ce genre de texte. Pour présenter ce genre de discours devant un auditoire, il faut, semble-t-il, avoir perdu tout sens moral, au point que rien ne puisse plus inspirer de remords. Il faut aussi avoir à jamais perdu l'aptitude qu'a l'homme à rougir de honte. Et Gramoz Ruçi réunissait parfaitement ces conditions. Il l'avait suffisamment prouvé au cours de l'hiver et du printemps 1991, avec la terreur ouverte ou occulte qu'il avait exercée, en tant que ministre de l'Intérieur, contre le peuple qui cherchait à approfondir et à consolider au plus vite les fragiles victoires de la démocratie en Albanie. Ces mérites lui valurent de faire partie, au congrès où le Parti du travail se convertit en Parti socialiste, des rares membres du Comité central du parti-père à être élus à la direction du parti-rejeton. Ayant dirigé le ministère de l'Intérieur pendant une période aussi difficile, il avait noué des liens avec les informateurs du Sigurimi, mais aussi acquis une expérience utile au Parti "rénové" pour les nouveaux combats politiques qui l'attendaient. Evidemment, Sali Berisha n'a rien d'un extrémiste radical de droite. J'ai moi-même été témoin de quelques moments critiques où le bain de sang n'a pu être évité que grâce à ses sages interventions.

On voit donc ce que ces attaques ont d'immoral. Seul le but comptait : marginaliser l'homme qui avait acquis un charisme excédant ce que pouvaient endurer ceux qui n'ont jamais su voir la vie que du haut d'une tribune et sont incapables de vivre autrement. D'eux, Teodor Keko a dit dans un poème qu'ils ne savent faire que des "cadeaux au peuple". Ayant eu le droit d'offrir à leur peuple près d'un demi-siècle d'esclavage, il leur revient maintenant de lui offrir la liberté.

Sali Berisha les empêche de jouer en souplesse ce rôle de donateurs perpétuels.

Evidemment, l'*Encyclopédie albanaise* ne parle pas encore de lui.

GRAMOZ PASHKO (NÉ EN 1952)

Professeur à la faculté de sciences économiques de l'université de Tirana. L'un des rares intellectuels à avoir montré des signes de désaccord avec la politique officielle plusieurs mois avant l'avènement du pluralisme. Il est le seul économiste de l'université et des autres institutions scientifiques à avoir exprimé son manque de confiance dans les réformes économiques que Ramiz Alia et ses hommes entendaient mettre en place.

Gramoz Pashko est cofondateur du Parti démocratique et membre de sa direction. En juin 1991, lorsque le gouvernement de stabilisation nationale fut constitué en faisant appel aux principaux partis du pays, il devint vice-premier ministre et ministre de l'Economie. Il est le principal auteur du programme de réforme économique approuvé par le Parlement en octobre 1991. A l'occasion de la constitution du gouvernement de stabilisation nationale, il fut décidé qu'on organiserait des élections anticipées. Elles furent fixées pour mai 1992. Ce gouvernement était chargé de trois tâches centrales : 1. dresser le programme de réforme économique ; 2. stabiliser le marché en assurant à la population le minimum d'approvisionnement nécessaire, surtout dans le domaine alimentaire ; 3. rétablir l'ordre public.

Le 26 novembre 1991, le Parti démocratique fit une déclaration dans laquelle il indiquait que ce gouvernement ne remplissait pas sa mission. Le marché était plus vide que jamais et la criminalité avait atteint des proportions jamais vues. Le Parti démocratique demandait donc des élections anticipées pour le 23 février 1992. Il demandait aussi au Parlement et au gouvernement de résoudre définitivement le problème de la dépolitisation de la radio et de la télévision et de faire arrêter les ex-membres du Bureau politique, faute de quoi les ministres qui le représentaient démissionneraient. Pashko, avec une partie des ministres, s'opposa surtout aux élections anticipées. Son argumentation se fondait sur le fait que le gouvernement avait besoin de tenir jusqu'en mai pour commencer à appliquer les réformes économiques.

AZEM HAJDARI (NÉ EN 1963)

Etudiant de la faculté des sciences politiques et juridiques, a organisé les premières manifestations étudiantes et pris part à la création du Parti démocratique le 11 décembre 1990. Il avait assuré pendant plusieurs mois la présidence du groupe qui prenait l'initiative de créer ce parti. Il fut élu député du district de Shkodra aux élections du 31 mars 1991. Le Ier congrès du Parti démocratique, le 26 septembre 1991, l'élut président.

PREÇ ZOGAJ (NÉ EN 1958)

L'un des représentants les plus remarquables de la génération d'écrivains apparus dans la littérature albanaise au cours des années quatre-vingts. Auteur de recueils de poèmes et de récits. L'un des intellectuels à l'avant-garde de la démocratie en Albanie, qui se rallia dès le début au Parti démocratique et participa à son Comité directeur. A joué un grand rôle, en particulier pour créer le premier journal d'opposition albanais *Rilindja demokratike*, dont le premier numéro parut le 6 janvier 1991. Il a dirigé ce journal jusqu'en juin 1991, où il fut nommé ministre de la Culture du gouvernement de stabilisation nationale. Il fut élu député d'une circonscription de sa ville natale, Lezha, aux élections du 31 mars 1991.

TEODOR KEKO (NÉ EN 1958)

Autre représentant de la génération d'écrivains apparus dans la littérature albanaise au cours des années quatre-vingts. A publié de nombreux articles dans la presse, plusieurs recueils de poésie, un roman et un recueil de nouvelles. Il traite, en particulier dans ses articles et son œuvre en prose, de problèmes aigus de la société albanaise contemporaine.

Il s'est présenté aux élections du 31 mars dans l'une des circonscriptions de Tirana et a été élu.

KUJTIM ÇASHKU (NÉ EN 1950)

L'un des meilleurs cinéastes albanais. Auteur de plusieurs adaptations des romans de Kadaré à l'écran. L'un des intellectuels à l'avant-garde de l'avènement de la démocratie en Albanie. S'associa dès le début aux manifestations étudiantes.

Çashku, Neshat Tozaj et moi avions été les premiers à entreprendre de créer le Forum pour la défense des droits de l'homme.

La manière dont fut proclamée la création de cette association est intéressante à rapporter. Il était près de minuit, le 19 décembre 1990, lorsque Çashku passa me voir ; il était assez inquiet, et me dit que nous devions nous rendre immédiatement à l'hôtel Dajti, où Sali Berisha nous attendait. Comme je n'avais pas le téléphone, le docteur Berisha n'avait pu appeler que Çashku, et il ne lui avait absolument pas expliqué pourquoi il voulait nous voir de toute urgence. Son inquiétude me gagna. C'était une heure des plus inattendues.

Nous trouvâmes le docteur Berisha qui nous attendait dans le hall de l'hôtel.

— Il faut proclamer immédiatement, dès maintenant, la création de l'Association pour la défense des droits de l'homme, nous dit-il d'une voix assourdie, mais nette. On savait que cet hôtel, en tant que principal hôtel où logeaient les étrangers, était truffé de micros. Le docteur Berisha était dans la confidence de notre projet depuis le début.

— Maintenant ? Impossible ! lui répliquai-je, en montrant l'heure.

Mais il ne laissa ni à Çashku ni à moi, le loisir de demander pourquoi il fallait tant se hâter.

— Demain, cela risque d'être trop tard, poursuivit le docteur sur le même ton.

L'un des activistes les plus connus du mouvement démocratique du Kosovo, un professeur d'histoire, se trouvait alors à Tirana. Ce soir-là, il avait invité à dîner quelques-uns de ses vieux amis, pratiquement tous professeurs, ainsi que le docteur Berisha et Azem Hajdari du Parti démocratique.

Au cours du dîner, le docteur Berisha avait entendu l'un des directeurs de l'Académie albanaise, L., raconter à cet ami du Kosovo que Ramiz Alia l'avait fait appeler, pour lui demander de créer sans tarder l'Association pour la défense des droits de l'homme. L. avait accepté et s'était mis au travail.

Le docteur Berisha avait donc eu raison de nous faire lever au milieu de la nuit. Nous devions couper court à l'initiative du président, faute de quoi cette association resterait sous son contrôle constant. Politicien professionnel, il ne faisait pas cela par hasard. A ce moment-là, il y avait encore en Albanie environ un millier de prisonniers politiques, sans parler de dizaines de milliers de gens vivant en relégation. D'autre part, le régime policier communiste, poussé à bout par la dégradation du confort auquel il était habitué – autrement dit par l'audace dont les gens faisaient preuve, ces gens "sages", "patriotes", "attachés au Parti comme la chair l'est à l'ongle" –, avait perdu toute logique et violait quotidiennement les droits de l'homme. Ainsi, cette association avait une tâche extraordinairement ample à accomplir. D'une certaine manière, elle risquait de causer à Ramiz Alia et à ses collaborateurs beaucoup plus d'embarras que les partis politiques qui se créaient les uns après les autres. Qui plus est, c'était la première fois qu'une telle association se créait en Albanie. Ramiz Alia avait soupesé tout cela, et il tenait à en garder le contrôle. Conformément aux traditions du Parti à la tête duquel il se trouvait, il comptait parvenir à ses fins par les méthodes de manipulation du Sigurimi. Malheureusement pour l'Albanie, il se trouvait des intellectuels pour accepter ces méthodes jusque dans les rangs de l'Académie albanaise.

Nous avertîmes aussitôt Neshat, qui arriva lui aussi sans tarder.

Sur mon insistance, on décida de placer à la tête du Forum, au moins pour un temps, Arben Puto, historien connu, professeur à la faculté de droit, spécialiste de l'histoire de l'Albanie au cours des premières décennies de notre siècle.

Le hasard nous permit de le trouver rapidement. Puto assistait au dîner auquel s'était trouvé le docteur Berisha. A ce dîner participait aussi le professeur Ylli Popa, connu dans tout le pays non seulement en tant que cardiologue, mais aussi pour ses tendances anticonformistes envers le régime.

Tous deux acceptèrent aussitôt notre proposition.

Deux de mes amis, journalistes étrangers, se trouvaient à Tirana ce soir-là : Nicolas Miletitch de l'AFP et un autre qui travaillait pour l'agence de presse croate HINA. Il était presque une heure du matin, mais je décidai de les réveiller. Il fallait annoncer la création du Forum pour la défense des droits de l'homme de toute urgence.

Comme le professeur Puto me le raconta deux ou trois jours plus tard, Ramiz Alia avait convoqué dès le lendemain son missionnaire L. et lui avait demandé ironiquement pourquoi son nom ne figurait pas sur la liste des fondateurs de l'Association pour la défense des droits de l'homme. Sur cette liste, on trouvait : le professeur Arben Puto, historien de droit international, professeur à la faculté de droit ; le professeur Ylli Popa, cardiologue ; Kujtim Çashku, cinéaste ; Neshat Tozaj, écrivain ; Besnik Mustafaj, écrivain ; Abdi Baleta, professeur à la faculté de droit, ex-ambassadeur d'Albanie à l'ONU au début des années quatre-vingts, chassé du corps diplomatique pour incompétence ; Elsa Ballauri, poétesse et journaliste ; Manol Konomi, juriste en retraite, ex-ministre de la Justice, qui avait été renvoyé de son poste en 1952 pour avoir refusé de signer un décret ordonnant un massacre ; Rrustem Gjata, juriste, professeur à la faculté de droit… La liste communiquée à la presse étrangère n'était pas close. Ces gens étaient ceux que Çashku, Neshat et moi avions pu contacter en premier.

Le Forum pour la défense des droits de l'homme déploya une activité intense, très utile, tant pour faire libérer les prisonniers politiques et faire réintégrer les familles envoyées en relégation dans la société que pour empêcher la police de bafouer les droits de l'homme au cours de cette période. Sa composition même inspira confiance dès le début à l'opinion publique. Le seul choix assez discutable était celui que j'avais fait du professeur Puto comme président. Il avait beaucoup moins chanté les louanges du régime que les autres "scientifiques" de sa génération, c'est vrai, et n'avait jamais occupé de poste important, mais je n'avais pas tenu compte du ressentiment que les gens éprouvent envers ceux qui ont des parents dans la nomenklatura. Et Puto était le beau-frère de deux membres du Bureau politique. Sans chercher à se venger des familles proches de la nomenklatura, les gens ne pouvaient accepter de les voir se placer à la tête des instances nouvelles. C'était leur droit. Chaque fois que le Forum réagissait avec lenteur, ou sans la fermeté requise, à une action du régime, les gens disaient :

— Forcément, on ne fait pas une association pour la défense des droits de l'homme avec un Arben Puto…

Le professeur avait tendance à se méfier de "l'extrémisme", c'est vrai, mais il est vrai aussi que nos erreurs ne lui étaient pas toujours imputables. Il en commit d'autres, qui donnèrent lieu à plus de commentaires de la part du peuple et aggravèrent l'antipathie envers lui. La plus grave de ces erreurs fut le fait de passer sous silence et de garder en sa possession les aides en numéraire adressées au Forum par des particuliers ou des fondations étrangères. Il fit de nombreux voyages à l'étranger, aux quatre coins du monde, et personne ne savait, ni à l'intérieur ni à l'extérieur du Forum, si c'était cet argent qu'il dépensait, ni combien il en dépensait ; car nous n'avions pas eu connaissance de l'existence de ces fonds ; il ressortit, quelques mois plus tard, qu'ils étaient assez importants.

Neshat Tozaj et moi avons quitté cette association.

NESHAT TOZAJ (NÉ EN 1943)

Ecrivain, auteur de nombreux recueils de nouvelles, de plusieurs romans et de scénarios. Ayant commencé à travailler au début des années soixante-dix comme expert de l'identité judiciaire au ministère de l'Intérieur, il a vu de près la manière dont le régime dictatorial violait les droits de l'homme. En 1980, il fut licencié pour avoir refusé de signer une expertise falsifiée qui "prouvait" l'existence d'un réseau d'agents de l'étranger, ce qui devait conduire beaucoup de gens en prison. Son roman *Thikat* ("les Couteaux"), écrit en 1982 et publié en 1989, n'est pas seulement l'un des événements littéraires les plus importants de ce demi-siècle en Albanie ; il suscita aussi un écho important sur le plan politique. Neshat était le premier écrivain à oser traiter l'un des thèmes tabous du régime : la violation des droits de l'homme par le Sigurimi.

Par ses livres, ses articles dans la presse et les autres formes sous lesquelles il fit savoir qu'il désapprouvait la violence de la dictature du prolétariat, Neshat Tozaj est l'une des personnalités les plus remarquables parmi les intellectuels qui ont contribué à l'avènement de la démocratie en Albanie.

ELSA BALLAURI (NÉE EN 1959)

Poétesse, journaliste, l'une des plus dignes représentantes de la génération des écrivains et poètes apparus dans la littérature albanaise des années quatre-vingts. Cofondatrice du Forum pour la défense des droits de l'homme, c'est l'une des personnalités qui défendent le plus activement les droits de l'homme en Albanie, et œuvrent pour que les ex-prisonniers et relégués politiques soient réintégrés dans la société.

III

PARTI DU TRAVAIL D'ALBANIE (PTA)

D'après le *Dictionnaire encyclopédique albanais* :

"Avant-garde organisée de la classe ouvrière d'Albanie, forme la plus haute de son organisation, seule force dirigeante du peuple albanais dans la guerre antifasciste de Libération nationale et l'édification socialiste du pays. Le PTA est une unité combattante formée de communistes volontaires, à l'unité idéologique et organisationnelle monolithique, inspirée par la science marxiste-léniniste. Il est l'héritier des brillantes traditions patriotiques, démocratiques et révolutionnaires du peuple albanais. Le PTA est la continuation directe du Parti communiste albanais, qui fut fondé le 8 novembre 1941 par le camarade Enver Hoxha. En tant que parti marxiste-léniniste de la classe ouvrière et seule force dirigeante de notre société socialiste, le PTA a tracé une glorieuse voie révolutionnaire. Guidé avec sagesse et discernement par le Comité central avec le camarade Enver Hoxha à sa tête, il a accompli avec honneur les tâches historiques qui figuraient à son programme : il a organisé et dirigé la lutte antifasciste de Libération nationale et la révolution populaire, libéré la patrie de l'envahisseur étranger et établi le pouvoir populaire ; il a reconstruit le pays ravagé par la guerre et assuré le développement ininterrompu de la révolution sur la voie du socialisme, changeant notre pays en un pays socialiste avancé, à l'économie et à la défense solides, à l'enseignement et à la culture développés ; il a créé l'homme nouveau socialiste, avec une conception du monde marxiste-léniniste et une conscience socialiste. Tout au long de son histoire glorieuse, le PTA s'est heurté à de féroces ennemis extérieurs et intérieurs ; il en est toujours sorti vainqueur, car il fait preuve de clairvoyance politique, de maturité idéologique, d'une audace et d'un courage rares pour défendre le marxisme-léninisme, les intérêts vitaux du peuple, de la révolution et du socialisme. Attaché au peuple comme la chair à l'os, il a toujours fait de l'unité entre le Parti et le peuple la clé de voûte de ses victoires. Combattant glorieusement pour défendre le marxisme-léninisme, la révolution et le socialisme, le PTA et le camarade Enver Hoxha ont fourni une contribution importante à l'enrichissement de la théorie marxiste-léniniste et de la pratique révolutionnaire."

A ce dithyrambe de l'Académie albanaise, il convient d'ajouter ne serait-ce qu'une phrase : c'est précisément grâce à son unité idéologique et organisationnelle monolithique inspirée par la science marxiste-léniniste que ce parti a pu, sans la moindre peine ni le moindre remords, se changer en un tournemain en Parti socialiste à son X[e] congrès, le 10 juin 1991.

FRONT DÉMOCRATIQUE D'ALBANIE (FDA)

D'après le *Dictionnaire encyclopédique albanais* :

"La plus large organisation de masse à faire partie du système de dictature du prolétariat, soutien politique le plus solide du Parti et du pouvoir populaire. A travers le FDA se réalise l'unité politique de tout le peuple autour du Parti. Le PTA est la seule force dirigeante du FDA et le seul parti politique à en faire partie. Le FDA a été créé le 16 septembre 1942, à l'initiative et sous la direction du

Parti communiste albanais et du camarade Enver Hoxha en particulier. Le camarade Enver Hoxha a été président du FDA de 1945 à 1985."

Bien entendu, de peur que le lecteur n'en déduise – à tort – que la couronne est héréditaire au sein de la famille Hoxha, les "savants" de l'Académie albanaise se sont bien gardés d'écrire qu'après la mort d'Enver en 1985, et sur proposition directe de Ramiz Alia, vice-président de cette organisation depuis des années, la direction du FDA passa entre les mains puissantes de Nexhmije. Elle resta à ce poste jusqu'au 20 décembre 1990 où "malgré la confiance totale que le Parti et le peuple avaient toujours dans ses capacités, l'âge la contraignit à se retirer".

INSTITUT DES ÉTUDES MARXISTES-LÉNINISTES

D'après le *Dictionnaire encyclopédique albanais* :

"Important centre d'études théoriques pour la diffusion de la ligne politique, idéologique, économique et organisationnelle du Parti et de la lutte des masses populaires pendant la guerre antifasciste de Libération nationale et pour l'édification complète de la société socialiste ; pour l'étude des problèmes du mouvement communiste et ouvrier international et de la lutte contre le révisionnisme moderne. Fut fondé, en tant qu'Institut d'histoire du Parti du travail, en 1956, et transformé, le 23 février 1966, en Institut des études marxistes-léninistes."

Les rédacteurs de l'*Encyclopédie albanaise* n'ont pas signalé que Nexhmije a tenu les rênes de cet institut de sa fondation à sa fin ; ce n'était pas par hasard, et elle ne pouvait rêver fonction plus confortable. Dès 1968, l'activité essentielle de cet institut fut de préparer la publication des œuvres d'Enver Hoxha. En raison des événements imprévus de décembre 1990, l'Institut ne put mener honorablement à terme cette tâche exaltante. Sur les *Œuvres choisies*, il ne publia que soixante-seize volumes, qui couvrent la période 1941-1981. Les écrits des quatre dernières années de sa vie, qui, si l'on en juge par la sélection que l'Institut publia en volumes séparés, devaient atteindre environ trente volumes, sont conservés dans les archives du Parti socialiste. Le président de l'association fantôme des activistes volontaires "Enver Hoxha" a déclaré dans des journaux avides de sensationnel que le jour où ces "œuvres" seraient mises à la disposition du peuple ne saurait tarder. Il oublie seulement d'expliquer comment Enver est parvenu à écrire autant au cours de cette période où, avons-nous appris, sa main droite ne fonctionnait plus du tout, et son cœur très mal.

ÉCOLE SUPÉRIEURE DU PARTI V. I. LÉNINE

D'après le *Dictionnaire encyclopédique albanais* :

"Institution d'enseignement du PTA pour la formation des communistes à l'idéologie marxiste-léniniste. Fondée le 8 novembre 1945. A l'occasion du quatre-vingt-cinquième anniversaire de la naissance de V. I. Lénine, en 1955, et sur décision du Comité central du Parti, elle prit le nom d'Ecole supérieure du Parti V. I. Lénine."

SÛRETÉ DE L'ÉTAT (SIGURIMI)

D'après le *Dictionnaire encyclopédique albanais* :

"Arme fondamentale de l'Etat de dictature du prolétariat en république populaire d'Albanie, permettant de découvrir et de liquider les activités hostiles au pouvoir populaire et à l'ordre socialiste, de manière à défendre et à consolider ceux-ci continuellement. La consigne du camarade Enver Hoxha indiquant que le Parti doit avoir ses propres yeux et ses propres oreilles inspire cette unité."

ZËRI I POPULLIT

D'après le *Dictionnaire encyclopédique albanais* :

"Quotidien, organe du Comité central du Parti du travail d'Albanie. Son premier numéro a paru illégalement à Tirana pendant la guerre antifasciste de Libération nationale, le 25 août 1942, sur décision du Comité central du Parti communiste d'Albanie. Son fondateur et directeur était le camarade Enver Hoxha. *Zëri i popullit* est la tribune révolutionnaire du PTA."

Dans la prochaine édition de leur encyclopédie, les académiciens albanais devront écrire que *Zëri i popullit* est devenu la tribune révolutionnaire du Parti socialiste. A part les termes qu'il emploie pour s'adresser à l'opinion publique albanaise, ce journal est resté le même. Il donne pourtant une preuve incontestable de son renouveau : il ne porte plus comme en-tête l'emblème de la faucille et du marteau.

IV

Labëri : vaste région au sud-ouest de l'Albanie. Sa ville la plus importante est Vlora, sur la côte adriatique ; c'est également le deuxième port du pays, avec près de 70 000 habitants.

Tirana : capitale de l'Albanie. Le plus important centre politique, mais aussi économique et culturel du pays. Au recensement de la population de 1984, Tirana comptait 206 100 habitants. A été choisi comme capitale en 1920.

Shkodra : l'une des villes les plus anciennes et les plus importantes d'Albanie. Compte environ 100 000 habitants.

Kosovo : région albanaise d'une superficie de près de 11 000 km^2, intégrée à la république de Serbie par décision des grandes puissances à la conférence de Londres en 1913. Là vivent plus de 1 800 000 Albanais, soumis à une violente répression politique et nationale sans exemple en Europe. Ils ne jouissent d'aucun des droits fondamentaux garantis par les accords internationaux. Malgré ses engagements en faveur de la démocratie et sans que l'on sache pourquoi, l'Europe ignore ou feint d'ignorer ce génocide. Selon des rapports aujourd'hui confirmés par les autorités serbes de Belgrade, 543 373 personnes des deux sexes, de tout âge, sont passées entre les mains de la police politique rien qu'entre 1981 et 1988. Beaucoup d'entre eux ont subi de lourdes peines de prison. Depuis 1981, le pouvoir serbe a décrété au moins quatre fois l'état d'urgence au Kosovo. Le symbole de cette résistance pacifique des Albanais à la violence serbe, l'écrivain Adem Demaçi, a été libéré en avril 1990, après vingt-huit ans de prison. En novembre 1991, le Parlement européen lui a remis le prix Sakharov pour la paix et la démocratie. En juillet 1990, les députés du Kosovo, légalement élus, ont été obligés de quitter le pays pour éviter d'être arrêtés, après la proclamation d'une république du Kosovo jouissant du même statut que les autres républiques de Yougoslavie, en accord total avec la constitution de la Fédération yougoslave. En octobre 1991, un référendum a été organisé, toujours conformément à la Constitution en vigueur. Plus de 99,99 % de la population ont voté pour la solution qu'avait proposée le Parlement un an auparavant : la république du Kosovo.

Pourtant, le Parlement et le gouvernement légal de cette région, où vit la troisième nationalité de la Fédération yougoslave par ordre d'importance, sont en exil politique.

Prishtinë : centre principal du Kosovo. 130 000 habitants.

V

D'après le *Dictionnaire de l'albanais contemporain* (publié par l'Académie albanaise, Tirana, 1980) :

Démocratie : régime ou système politique où le pouvoir est exercé par le peuple, directement ou par l'intermédiaire d'instances élues, et où les citoyens jouissent de droits égaux. *Démocratie socialiste* : forme la plus élevée de la démocratie, forme de la dictature du prolétariat, où le peuple travailleur détient le pouvoir avec la classe ouvrière à sa tête et sous la direction du Parti de celle-ci. *Démocratie bourgeoise* : forme de la dictature de la bourgeoisie, dans laquelle les droits et les libertés dont on se réclame n'ont qu'un caractère formel, ne sont ni garantis ni mis en pratique pour les larges masses du peuple.

Pluralisme : système de gouvernement des pays bourgeois et révisionnistes, dans lequel coexistent de nombreux partis politiques, groupes et forces sociales aux intérêts, à la conception du monde et aux points de vue divergents. Le pluralisme est le point de vue révisionniste de ceux qui demandent un système politique et social de ce genre ; il s'oppose à l'unité marxiste-léniniste au sein de l'Etat socialiste, ainsi qu'à une idéologie marxiste-léniniste unique dans le mouvement communiste et ouvrier international.

L'ALBANIE : CE QU'ELLE A ÉTÉ, CE QU'ELLE EST ET CE QU'ELLE SERA

(en guise de dernier chapitre pour ce livre ouvert)

A la fin du siècle dernier, Sami Frashëri, l'un des théoriciens les plus remarquables du mouvement nationaliste albanais contre l'occupant ottoman, écrivit *l'Albanie : ce qu'elle a été, ce qu'elle est et ce qu'elle sera*. Sami Frashëri, ce merveilleux romantique, follement épris de sa nation et de son pays, parvient malgré tout à faire preuve d'un certain réalisme lorsqu'il prédit l'avenir de l'Albanie. C'est aussi avec un certain réalisme qu'il montre l'Albanie de son temps. Mais lorsqu'il imagine l'Albanie de l'avenir, il devient la proie de ses rêves et de son imagination particulièrement féconde.

Selon ses prévisions, le XXe siècle devait être le siècle qui verrait l'Albanie s'épanouir. Ce pays terriblement pauvre, mais aux ressources fabuleuses, atteindrait enfin l'opulence. Il deviendrait la Suisse des Balkans, comme le souhaitaient les Albanais et comme l'avaient affirmé beaucoup d'hommes sensés, albanais et étrangers. Ce peuple asservi par les empires les plus cruels : celui de Rome au début, puis celui de Byzance, enfin celui des Ottomans, jouirait enfin d'une véritable liberté. Il se changerait en unc société libre et démocratique, selon tous les principes sacrés de la Révolution française de 1789.

Sami Frashëri mourut en 1904. Il partit heureux pour l'autre monde, car il garda jusqu'à la fin son rêve d'avenir pour l'Albanie.

S'il avait vécu assez longtemps pour découvrir quelle voie son Albanie allait suivre au cours de ce siècle, qui sait s'il aurait pu résister à l'amertume ?

L'Albanie se libéra du pouvoir ottoman et proclama son indépendance le 28 novembre 1912. Le premier Etat albanais depuis cinq siècles fut créé. Un embryon d'Etat, qui ne parvint pas à se structurer, car il fut renversé au bout de six mois à peine. La guerre des Balkans commençait. L'Albanie restait sans maître. Le 29 juillet 1913, les ambassadeurs des six plus grandes puissances de l'époque se réunirent à Londres : l'Angleterre, l'Autriche-Hongrie, l'Allemagne, l'Italie, la France et la Russie. Ils fixèrent de la manière la plus inique les frontières de l'Albanie, en laissant la moitié à l'extérieur. La plus grande partie fut donnée à la Serbie : le Kosovo. Le reste revint au Monténégro, à la Macédoine actuelle et à la Grèce. On retirait aussi au peuple albanais le droit de se gouverner lui-même comme le faisaient tous les autres peuples de notre continent. Pour surveiller l'Albanie, on nomma une Commission internationale de contrôle et l'on installa un prince allemand sur le trône d'Albanie.

La Première Guerre mondiale ne permit ni à la Commission internationale ni à ce piteux souverain allemand d'exercer leurs fonctions plus de six mois. L'Albanie retourna à l'anarchie. Elle devint un champ de bataille pour les armées des Etats belligérants.

En 1919 et 1920, les hommes les plus remarquables de ce pays entreprirent tour à tour des efforts pour créer un Etat albanais. Et, petit à petit, il sembla qu'ils allaient atteindre leur but. Mais à la fin de 1923 et au début de 1924, on vit le ministre de l'Intérieur Ahmed Zogou concentrer dans ses mains, par la ruse, tous les fils du pouvoir. Il occupa le poste de premier ministre et entreprit de liquider les démocrates, en visant à établir un régime féodal despotique. En juin 1924 eut lieu en Albanie la première révolution véritablement démocratique d'un pays balkanique.

Ahmed Zogou s'enfuit en Yougoslavie, pour revenir six mois plus tard, avec l'aide des Serbo-Monténégrins. La révolution démocratique fut étouffée dans le sang. Non seulement Ahmed Zogou reprit le poste de premier ministre qu'il avait occupé avant la révolution, mais il occupa aussi celui de président de la République.

Ce pouvoir lui sembla insuffisant ; c'est pourquoi, en 1928, il proclama la monarchie en Albanie et s'autocouronna roi. Zog Ier gouverna jusqu'au 7 avril 1939, où l'Albanie fut une des premières victimes de l'invasion fasciste. Elle fut occupée par l'Italie de Mussolini. Pendant les onze années de la monarchie, il n'avait pu être question de démocratie. Les partis politiques en tout genre étaient déclarés illégaux.

On comprend que ce manque total de démocratie se poursuivit sous l'occupation italienne puis allemande, occupation qui dura jusqu'au 29 novembre 1944. Cependant, le 8 novembre 1941, le Parti communiste albanais fut fondé clandestinement à Tirana.

Avec l'aide du Parti communiste yougoslave, ce parti prit rapidement la tête de la résistance du peuple albanais au fascisme, en écartant par la violence toutes les autres forces politiques du pays.

La dictature du prolétariat qui s'établit en Albanie créa un climat encore plus antidémocratique qu'au temps de la monarchie et du fascisme. Le terrible régime stalinien s'aligna après 1960 sur le modèle destructeur de la Révolution culturelle chinoise.

Cette dictature dura jusqu'au 11 décembre 1990. Ce n'est pas par hasard que j'ai cité dans ce livre ces œuvres fondamentales de la culture albanaise de cette période de près d'un demi-siècle que sont l'*Encyclopédie* et le *Dictionnaire de l'albanais contemporain*. Si, durant toutes ces années, la dictature se maintint avec force en Albanie, c'est parce qu'elle avait réussi à faire, non seulement du ministère de l'Economie et de la Police, non seulement de l'armée et du Sigurimi, mais aussi de l'Académie albanaise et de la Ligue des écrivains, des instruments qui la servaient aveuglément… Ici, à la différence de tous les autres pays de l'Est, il ne se créa aucune sorte de dissidence. Non que le peuple albanais acceptât de bon gré la dictature. Ni que les intellectuels fussent tous devenus les disciples les plus zélés d'Enver Hoxha et de son régime. Mais parce que la blessure était plus féroce que partout ailleurs.

L'économie du pays fut ruinée de manière catastrophique. Le moral de la population fut sapé de manière tout aussi tragique. C'est pourquoi le terrible traumatisme, le traumatisme complexe que devait subir mon peuple au cours du passage de la dictature à une société véritablement démocratique me paraît tout à fait s'expliquer. Un peuple qui subit constamment les affres de la faim, qui prie chaque jour pour ne pas tomber malade, car les hôpitaux n'ont même pas d'alcool, qui hésite à envoyer ses enfants à l'école en hiver, car les écoles ne sont pas chauffées et n'ont même pas de vitres pour arrêter le vent et la pluie, a bien du mal à se forger une mentalité nouvelle, la mentalité de la vie en démocratie.

Eh bien, pourtant, il chérit la démocratie pardessus tout. Dans son cerveau fatigué, même encore aujourd'hui, au bout d'un siècle, sommeille le rêve de Sami Frashëri de voir ce pays faire partie de l'Europe. Comme la Suisse… pourquoi pas ?

Tirana, décembre 1991

TABLE

Ouvrage réalisé
par les Ateliers graphiques Actes Sud.
Photocomposition : Société I.L.,
à Avignon.
Achevé d'imprimer
en février 1992
par l'Imprimerie Bussière
à Saint-Amand-Montrond
sur papier des
Papeteries de Jeand'heurs
pour le compte des éditions
ACTES SUD
Le Méjan
13200 Arles.

Dépôt légal
1re édition : mars 1992
N° impr. 648